M. DE LA TAILLE, S. J.

ESQUISSE

du

Mystère de la Foi

SUIVIE DE

Quelques Éclaircissements

GABRIEL BEAUCHESNE. ÉDITEUR

A PARIS, RUE DE RENNES, 117

MCMXXIV

Esquisse du Mystère de la Foi

suivie de quelques éclaircissements

92165

M. de la TAILLE, S. J.

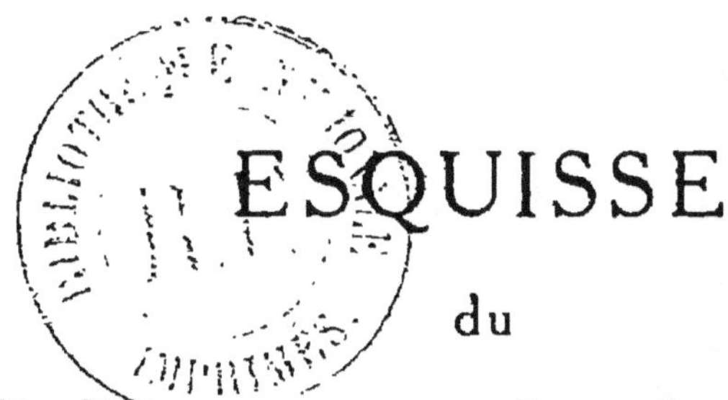

ESQUISSE

du

Mystère de la Foi

SUIVIE DE

Quelques Éclaircissements

DEUXIÈME ÉDITION

GABRIEL BEAUCHESNE, ÉDITEUR

A PARIS, RUE DE RENNES, 117

MCMXXIV

AUX LAÏCS
PEUPLE DE DIEU

« *Comme des pierres vivantes,*
« *vous êtes engagés dans un édifice spirituel,*
« *en vue d'un sacerdoce saint,*
« *pour offrir des sacrifices en esprit* [*et en vérité*]*,*
« *agréables à Dieu par Jésus-Christ.*
« . . . .
« *Vous êtes une race élue,*
« *un royal sacerdoce,*
« *une nation sainte,*
« *un peuple passé en possession divine,*
« *pour publier les magnificences,*
« *de Celui qui vous a appelés des ténèbres*
« *à son admirable lumière.* »

(S. PIERRE, *I Ep.*, 2, 5-10)

AVANT-PROPOS

Les pièces qui forment ce recueil sont pour une part inédites (I, II, III), et, pour le reste (IV, V, VI), ont déjà paru soit dans le Gregorianum, soit dans les Recherches de Science Religieuse, soit dans le compte-rendu du Congrès Eucharistique national de Paris. Celle qui ouvre le volume a été écrite pour donner quelque satisfaction aux désirs exprimés par certaines personnes en faveur de ceux qui ne lisent pas le latin. On aurait voulu une adaptation en français du Mysterium Fidei. Mais à vrai dire, l'ouvrier qui a conçu un édifice, ne bâtira pas le même en réduction ; le seul double qu'il en puisse offrir est une maquette. Et c'est une maquette qu'on trouvera ici ; une simple esquisse, ainsi que le titre l'indique. Les doctrines n'apparaissent que dans la ligne générale de leurs contours ; leur complexité s'efface, comme aussi s'évanouit tout ce qui pouvait contribuer à leur donner une assise positive *et documentaire. En revanche, les sommets se relient entre eux à l'œil d'une manière plus nette, donnant l'impression d'une chaîne continue : en quoi ce tracé sommaire pourra être utile même à quelques-uns de ceux qui auront lu l'ouvrage latin, ou en faciliter à d'autres la lecture partielle, en cas que la lecture intégrale les effrayât.*

Il va sans dire qu'un résumé si succinct ne peut se défendre tout seul : il a besoin de s'appuyer sur quelque chose de plus massif et de plus solide. C'est pourquoi à ceux qui auraient quelque objection à faire valoir contre telle ou telle des vues qui y sont proposées, il convient de rappeler que la solution est à chercher ailleurs, et qu'aucune discussion ne pourrait être fructueuse sans ce recours préalable aux sources et aux preuves.

Faisant suite à cette Esquisse, *divers* Eclaircissements *visent à concentrer la lumière sur certains points choisis, qui ou bien ouvrent des perspectives plus vastes, ou requièrent un examen plus fouillé*[1].

---

1. Les lecteurs familiarisés avec la langue anglaise pourront trouver aussi un surplus d'éclaircissements soit dans deux conférences données à la Semaine d'Etudes Religieuses de Cambridge en 1922, et publiées

Si le public veut bien faire à ces pages un accueil favorable, il aura part à la reconnaissance qui déjà s'attache à tous ceux qui lecteurs bienveillants ou critiques indulgents ont fait le succès du précédent ouvrage.

———

par les soins du Rév. C. Lattey, S. J., dans le recueil *Catholic Faith in the Holy Eucharist* (2° éd., in-12, p. IX-225, Cambridge, 1923), soit dans deux articles de l' *(American) Ecclesiastical Review* (1924) intitulés *The Last Supper and Calvary, a reply to critics*, qui ont pour objet de défendre et de populariser les mêmes vues (publiés depuis en brochure, sous le même titre, par la Dolphin Press, Philadelphie)..

ESQUISSE

DU

MYSTÈRE DE LA FOI

———

Le premier devoir de l'homme est le don
de soi à la divine bonté, qui mérite tout
amour. Toute la loi morale découle de cette
première obligation : laquelle ne se fonde
sur aucune autre. Dans son ordre, elle a la
valeur d'un premier principe ; comme dans
l'ordre des causes prime la cause finale, et
dans l'ordre des causes finales, la bonté souveraine, l'amabilité première et le premier
amour. Pourquoi faut-il aimer Dieu ? Non
pas parce qu'il l'a commandé ; car la question renaîtrait : pourquoi faut-il obéir à Dieu,
s'il commande ? La réponse ne saurait être
parce qu'il commande ; mais, parce qu'il a
le droit de commander. Et d'où lui vient ce
droit ? De ce qu'il est le souverain Bien, à
qui est dû tout amour. Il n'y a pas à chercher plus loin. Dieu est le Bien ; le Bien est
aimable. Dieu est à lui seul toute bonté ; et
en dehors de lui il n'est rien de bon, rien d'ai-

mable que par rapport à lui. Se détourner de lui, c'est tourner le dos au bien, et aller au mal, qui est la privation du bien. Voilà pourquoi il faut obéir à Dieu. La loi naturelle prime la loi positive ; et le premier mot de la loi naturelle, c'est : « Tu aimeras le Seigneur ton Dieu. » A lui ton cœur : tu te tourneras vers lui. A lui ton esprit : tu le regarderas comme le pôle de toute vérité sur l'homme et sur les choses. A lui tes forces : tu les emploieras à le chercher, par toutes les voies que tracent les exigences du bien commun, dont il a le soin. Donc, avant tout, l'homme se doit à Dieu. Il lui doit le retour de tout ce qu'il en a reçu. Au Dieu qui lui a tout donné, il se donne tout entier. Et pour en être agréé, il prie ; il prie pour que Dieu tire à soi ce qui nous vient de lui, et pour que Dieu garde à soi ce qui lui est consacré. Latrie, eucharistie, impétration se donnent la main et se prêtent un mutuel appui dans cette première démarche de l'homme vers son Dieu.

Mais l'homme n'étant pas un esprit pur, a besoin de traduire ce don intérieur de soi dans un rite extérieur qui le symbolise. Il fera donc hommage à Dieu d'un don matériel, dont toute la raison d'être soit de représenter et d'attester l'intime consécration de son âme.

Fondé sur la nature corporelle de l'homme, ce rite s'autorise aussi de sa nature sociale :

la consécration d'une société à Dieu, qu'il s'agisse de la famille, qu'il s'agisse de la cité, ne pouvant se produire que sous les espèces d'un acte extérieur. D'où la définition de saint Augustin, qui est traditionnelle dans l'Église : LE SACRIFICE RITUEL EST LE SIGNE VISIBLE DU SACRIFICE INVISIBLE.

Telle est, semble-t-il, la justification première de cette forme de culte uniquement réservée en droit au Premier Principe de notre être, qui est aussi sa Fin Dernière : le retour à Dieu, notre souverain bien, par l'adoration, c'est-à-dire par la reconnaissance pratique de notre dépendance originelle et de notre destination ultime ; laquelle implique aussi, comme il est facile de s'en rendre compte, la reconnaissance et la prière. Tout y est pour le progrès et le perfectionnement de la créature raisonnable, rien pour sa destruction ou son anéantissement : aussi longtemps du moins que n'intervient pas la considération du péché.

Avec le péché, un élément nouveau entre en scène, la mort, dont le péché est le principe, mort du temps et mort éternelle, qui dans le cours normal des choses forment un faisceau lié. Alors le sacrifice offert à la divinité outragée, ce culte d'adoration, de reconnaissance, de prière, ne sera de mise qu'à condition de s'envelopper d'une intention et d'une forme réparatrice. Tout naturellement il symbolisera la peine de mort méritée par l'humanité coupable, et assumée pour ainsi dire par elle, au moins en figure, comme une juste anticipation de la sentence divine, destinée d'ailleurs à en écarter la rigueur. D'où le sang des victimes qui coule, pour empêcher de couler le sang du pécheur ; d'où le don d'une victime immolée. A l'adoration se superpose la propitiation : c'est le sacrifice que l'humanité en état de péché a toujours connu. Mais l'élément propitiatoire n'abolit pas l'élément latreutique, qu'il présuppose ; et le sacrifice sanglant reste un don, le don d'une chose qui était propriété humaine, aliment ou soutien de la vie naturelle, et que l'homme veut transférer en propriété exclusivement divine, comme pour ainsi dire en nourriture et en délices du Très-Haut, en pain de Dieu, en coupe de Dieu, en agneau de Dieu, en odeur de suavité.

Le rite de cette oblation peut être quelquefois l'immolation même (à condition bien entendu que l'immolation soit faite par le sacrificateur, par le prêtre, à qui revient d'offrir le sacrifice). Mais il peut être aussi, et en fait il est fréquemment distinct de l'immolation, laquelle est laissée à d'autres, tandis que le prêtre, le sacrificateur accomplit le rite réservé, en quoi consiste l'oblation, la donation à Dieu de la victime, de sa vie, de son sang ; et suivant que ce rite précèdera on suivra l'immolation, nous aurons deux types de sacrifices, qui ne diffèrent que d'une manière accessoire : l'oblation à l'immolation qui vient, ou l'oblation de l'immolation déjà faite : *oblatio hostiae immolandae, oblatio hostiae immolatae.* De ce second type des exemples abondent chez les Hébreux : le sang de la victime recueilli par le prêtre sera épandu sur l'autel. Pourquoi sur l'autel ? Pourquoi sur un autel ? Parce que, la divinité étant incoporelle et inaccessible, il faut bien qu'en son lieu et place, il y ait quelque chose à recevoir pour elle les dons qui lui sont destinés : c'est le rôle de l'autel, tenu pour le siège de la divinité, et par suite traité comme son fondé de pouvoirs.

Mais tout cela n'est encore dans le sacrifice que la part de l'homme. Pour que le sacrifice soit complet, achevé, pour qu'il arrive à terme, il faut y joindre la part de Dieu. Sacrifier, tranférer du domaine profane dans le domaine sacré de Dieu les dons de notre humaine indigence et indignité, ne peut se faire que par un accord à deux : il faut que Dieu accepte ce que l'homme lui offre. Faute de l'acceptation divine, l'humaine oblation n'est qu'un sacrifice manqué. Il reste en route : l'hostie n'arrive pas à destination, et n'atteindra jamais par conséquent cette sainteté, cette consécration effective, qui devait lui venir d'en haut, et la faire passer en condition et en état de chose divine.

Le but du sacrifice, c'est d'être agréé ; et l'ambition des hommes fut de s'assurer les gages de cet agrément divin. Chez les Hébreux, il y fut pourvu en diverses occasions par le feu du ciel tombé tout exprès pour dévorer les victimes, comme de la part de Dieu ; et depuis Moïse, par le feu sacré miraculeusement allumé à l'ordination d'Aaron et entretenu perpétuellement par la tribu de Lévi. A défaut même de ces gages célestes, déjà l'autel, l'autel authentique et dûment consacré, par le seul fait qu'il recevait pour le compte de la divinité les dons à elle destinés, symbolisait d'une manière, si précaire fût-elle, l'acceptation divine. Et c'est pourquoi il est dit par le Christ que l'autel sanctifie le don.

En fait, l'acceptation divine dans l'Ancienne Loi ne fut jamais que figurative. Si les sacrifices plaisaient à Dieu, ce n'était pas pour eux-mêmes, mais comme figures d'un sacrifice à venir ; et c'est pourquoi, selon le témoignage des prophètes d'abord, puis de l'*Épître aux Hébreux*, aucun ne fut accepté effectivement ; et c'est pourquoi aucun ne fut efficace quant à la rémission des péchés. Un sacrifice propitiatoire, dûment et réellement accepté par Dieu, a la valeur d'un contrat, dans lequel Dieu s'oblige à effacer la dette que ce sacrifice prétend acquitter. C'est ce qui ne se produisit jamais à l'égard des sacrifices de l'antiquité : ce qui était réservé au sacrifice du Christ.

C'est une chose remarquable, qu'après avoir dédié à Dieu leurs dons, les hommes n'eurent habituellement rien de plus pressé que de se mettre à table et d'en faire leur repas. Attitude, semble-t-il, incompatible avec l'idée première d'une consécration à Dieu, d'une chose sacrée, sacrifiée, c'est-à-dire mise à part, mise de côté pour Dieu. Et pourtant rien de plus logique. Les victimes, il est vrai, appartiennent à Dieu seul ; l'autel qui les a reçues est la table de Dieu ; et le repas, si repas il y a, est celui de Dieu. Mais s'il plaît à Dieu d'inviter les hommes à sa table, de faire d'eux ses commensaux, de les faire manger et boire au festin qui lui a été préparé, il n'y rien là d'attentatoire à la condition sacrée des victimes, comme serait le larcin sacrilège qui reprendrait à Dieu ce qui lui a été donné, profanant ce qui a été sanctifié. Ici il y a une gracieuseté divine, qui associe l'homme au partage des biens divins, et l'élève à la condition des choses saintes dont la divinité le gratifie : figure des biens éternels que l'homme attend dans l'autre vie ; figure encore de la sainteté qui envahit le fidèle, portée par l'aliment qu'a sanctifié l'autel, lui-même investi de la sainteté divine ; figure enfin de l'unité établie non seulement entre les divers fidèles, qui participent ensemble au même banquet, mais encore entre eux tous et leur Dieu, avec qui ils communient au même festin, comme les habitants d'un même toit, comme les membres d'une même famille, comme les familiers et le propre sang de la divinité. Alors se recueille le fruit du sacrifice ; et le cycle est fermé du mouvement qui, partant de l'homme vers Dieu, revient de Dieu vers l'homme : une chétive offrande humaine est montée ; un don divin redescend.

Cette économie générale des sacrifices, fondée sur la nature de l'homme, et illustrée en toutes ses parties par l'histoire, fut esquissée dès la première moitié du XIIIe siècle par un maître fameux, Guillaume d'Auvergne, évêque de Paris. Elle ouvre le chemin à l'étude de ces trois points : le sacrifice de la rédemption, célébré par le Christ ; le sacrifice de la messe, célébré par l'Église ; et le sacrement de l'eucharistie, reçu par les fidèles.

La rédemption, qui aurait pu s'opérer autrement, s'est opérée par voie de sacrifice. Cela, est de foi ; Jésus est un vrai prêtre, qui a offert un vrai sacrifice. Mais où trouver dans l'œuvre de la rédemption les éléments d'un vrai sacrifice ? Pour l'immolation, aucune difficulté : la passion y suffit. Mais elle fut l'ouvrage des bourreaux, et non pas de Jésus : elle ne saurait donc à elle seule constituer l'oblation rituelle, qui est la propre action extérieure et sensible du prêtre. Où trouver cette oblation, absolument indispensable si la mort de Jésus doit être un sacrifice proprement dit, et non pas un sacrifice au sens large, un sacrifice purement métaphorique, comme le martyre sous la Loi nouvelle ou la Loi ancienne? Du jardin à la croix elle n'apparaît nulle part, malgré les efforts de quelques-uns pour la situer à tel ou tel endroit du drame sanglant, efforts qui ne résistent pas à l'examen. La question serait insoluble, si avant le Calvaire et le Mont des Oliviers, il n'y avait eu déjà la halte au Mont Sion.

A la Cène, Jésus-Christ prenant le pain, le bénit, etc., et de même le calice, disant : *Mangez, c'est mon corps, livré* [à la mort] *pour vous ; buvez, c'est mon sang, qui est versé pour vous et pour la multitude* [des âmes] *en rémission des péchés.* Qu'est-ce à dire ? Sinon que le Christ, mis SYMBOLIQUEMENT en état de victime, engage à Dieu pour nous la mort sanglante dont il revêt les signes sacramentels ? Son immolation MYSTIQUE (symbolique et mystique c'est tout un) l'engage à l'immolation effective et douloureuse du Calvaire. A travers l'image de sa passion, il se réfère et se dédie à sa passion même. Il se voue à la mort expiatoire ; il s'en constitue vis-à-vis de Dieu le débiteur pour notre salut. Il ne s'appartient plus : la tombe a maintenant des droits sur sa proie. Aussi est-ce à partir de cet instant, que, selon l'interprétation orientale, trois jours et trois nuits passeront sans discontinuer sur la sépulture du Christ en attendant sa résurrection.

La Cène succède à ce repas pascal des azymes et de la coupe, dont Jésus-Christ avait dit en la prenant : Je n'y goûterai plus que dans sa réalisation parfaite au royaume de Dieu. Et le voici qui, après avoir dit cela, goûte de nouveau aux azymes et à la coupe, mais aux azymes consacrés, à la coupe bénite. Qu'est-ce à dire, sinon que la réalisation de la pâque se fait ici sur place, et avec elle l'inauguration du royaume de Dieu ? Mais qui donc ignore que la réalisation de la pâque, c'est le sacrifice de la passion ? et que le royaume de Dieu date de la rédemption ? C'est donc que déjà ici le sacrifice de la passion est en train, déjà la rédemption a commencé. Le voici donc l'agneau de Dieu, l'agneau prophétisé par quinze siècles de fêtes pascales, l'agneau dont le sang en ce moment même délivre de la mort et de la servitude du péché ; voici son sacrifice ; voici déjà à la Cène le sacrifié du Calvaire : la Cène regarde la Croix, et y dévoue le divin Agneau.

La Cène introduit la nouvelle alliance, qui abolit l'ancienne . Elle ne l'annonce pas, elle la conclut : « Ceci EST la nouvelle alliance ». Mais quoi ? la nouvelle alliance n'est-elle pas l'œuvre du sacrifice rédempteur ? Ici donc, encore, c'est le sacrifice de la rédemption qui déjà est en cours. Ceci est la nouvelle alliance dans le sang du Christ, prix de nos péchés, offert à Dieu pour être acquitté à la croix.

La Cène est le sacrifice du souverain prêtre selon l'ordre et selon le rite de Melchisédech ; prêtre, qui, au témoignage de l'*Epître aux Hébreux*, n'a célébré qu'une fois, et n'a offert qu'un seul sacrifice, celui de la rédemption, celui de sa passion, par laquelle il est entré dans le saint des saints, dans l'état de la gloire, au sortir de ses abaissements et de ses tribulations terrestres ; prêtre qui a accompli son oblation auguste par la vertu du Très-Haut (« par un esprit éternel », *Hebr.* 9^{14}) : entendez par cette même vertu que toutes les liturgies depuis lors invoquent ou ont invoquées pour la confection du rite eucharistique, grâce auquel le pain est changé au corps et le vin au sang. C'est sous les espèces des dons de Melchisédech qu'a été offert le sacrifice de la rédemption.

Enfin, la Cène réalise la promesse du pain qui serait la chair même du Christ, donnée à Dieu en rançon pour la vie du monde (*Joan.* 6^{52}). La voici en effet qui est « donnée » (*Luc*, 22^{19}), donnée en qualité de pain, donnée pour le salut des hommes (PRO vobis, *Luc*, *ibid.*), donnée à Dieu en sacrifice expiatoire.

Dès lors, rien d'étonnant que la Cène ait dû être engagée dans les bornes de la passion, marquées par la trahison de Judas, qui en est le principe. Rien d'étonnant que l'oraison sacerdotale de notre Sauveur s'appuie à la Cène et porte sur la passion, reliant entre elles ces deux assises du sacrifice, qui s'unissent pour former l'arche de notre salut : ce qui donne toute sa valeur à cette parole mysté-rieuse dont Jésus-Christ souligne son dessein liturgique : « Je me sanctifie [par le sacrifice] pour eux afin qu'eux [par la participation de mon sacrifice] soient sanctifiés [non plus en figure, mais] en vérité ». Rien d'étonnant enfin, que le Christ, si libre de ses mouvements et de ses déterminations jusqu'à la Cène, jusqu'à la Cène maître de sa vie dont il dispose à son gré, une fois la Cène révolue, tombe à terre, pros-terné en suppliant, pour obtenir que le calice passe, « si c'est possible » : et le calice ne passe pas ! C'est que ce n'est plus possible. Il ne lui est plus loisible de se dérober, car il s'est offert : et on ne retire pas sans sacrilège à Dieu ce qu'on lui a une fois consacré. Il ne fallait pas consacrer le calice de la Cène, si c'était pour écarter ensuite le calice de la passion : et le Christ meurt, obéisssant non pas à un comman-dement particulier de son Père, mais à cette loi qui veut que soit respectée la justice, et par conséquent acquittées les obligations contractées envers Dieu. L'obligation de se laisser tuer, le Christ l'avait contractée libre-ment dans l'oblation eucharistique de son sang.

Ainsi la Cène et la Passion se répondent, se

complètent et se compénètrent l'une l'autre.
L'une présente à nos regards l'oblation sacerdotale, sensible, rituelle, que constitue l'immolation mystique ; l'autre vient y ajouter
l'immolation réelle, sanglante, pleinement suffisante, dont la première était l'image. Au
Cénacle, parmi le décor de splendeur qu'il a
affecté, le Christ est principalement prêtre ;
au Calvaire, dans son silence et sa nudité, il
est principalement victime. D'une part, le corps
et le sang symboliquement séparés, et, sous le
voile de cette apparence, destinés à la mort
dont ils portent la figure ; d'autre part, le sang
qui coule, et jusqu'à épuisement, pour vérifier
l'annonce de la Cène, réaliser la figure sacramentelle, et acquitter l'offrande. Toute la
passion est sacrifice, parce que toute la passion
est immolation sanglante offerte par le Prêtre ;
et la Cène est le même sacrifice, unique et
indivis, parce qu'elle est le geste du Prêtre
offrant dans un rite non sanglant la même
sanglante immolation. La passion est *immo-
latio hostiae oblatae ;* la Cène est *oblatio
hostiae immolandae :* OBLATION QUI PERSÉVÈRE,
ET VISIBLEMENT, A TRAVERS LES TOURMENTS
DU SAUVEUR, EN CE QU'ELLE N'EST NULLE
PART RÉTRACTÉE, EN CE QU'ELLE EST PARTOUT
CONTRESIGNÉE PAR LE SANG QUI COULE POUR
LA RATIFIER. Ainsi, non pas deux sacrifices de
notre Rédempteur : un sacrifice non sanglant,
suivi d'un sacrifice sanglant ; mais un seul sa-

crifice, complet, et de la part du prêtre qui célèbre dans le pain et le vin, et de la part de la victime qui est mise à mort. Doctrine de toute l'antiquité patristique aussi bien que de l'Écriture ; doctrine des Liturgies ; doctrine professée au Concile de Trente par les plus éminents d'entre les Pères, ceux qui firent triompher le Chapitre I de la Session XXII. Mais doctrine qui n'est complète que rattachée à l'enseignement et de l'Écriture et de la Tradition sur l'éternité de l'état d'Hostie où le Christ s'est mis en sa mort, et où Dieu l'a immortalisé dans la résurrection et l'ascension.

A l'oblation du souverain Prêtre dut en effet répondre la divine acceptation. Aucun feu créé ne vint dévorer le corps du Christ dans le tombeau ; mais ce fut le feu de la gloire divine qui vint consumer la mortalité et la corruptibilité du Sauveur, et le faire passer tout entier, corps et âme, en condition divine, en état de Fils unique, et de Seigneur, et de Christ ; achevant, consommant son incarnation, en ce jour dont le Père a dit : *Ego hodie genui te.* Et tout ainsi que la chair des victimes restait « idolothyte, », aussi longtemps que la corruption ne les entamait pas, ainsi le Christ, sauvegardé de la corruption de la tombe par sa résurrection glorieuse, reste, en la présence du Père, éternel « théothyte ». L'Agneau, bien loin d'y perdre sa qualité d'hostie, de sacrifice, la conserve accrue et perfectionnée de tout ce qu'y ajoute la ratification divine, l'acceptation effective, la consommation céleste. C'est le don arrivé à destination. C'est le prix de notre salut, gardé entre les mains de Dieu éternellement, pour acquitter une dette éternelle.

Ce n'est pas tout. Si la mort du Christ a payé la dette de nos fautes, d'autre part, c'est sa résurrection qui opère notre justification (*Rom.* 4^{25}). Cause morale de notre rachat par son sang, le Christ est la cause efficiente de notre grâce d'abord, et puis de la gloire, par la condition divine où Dieu l'a recueilli. En d'autres termes, l'Hostie réparatrice, qui interpelle Dieu en notre faveur, est aussi le principe vital par lequel Dieu nous communique le souffle de vie, la vie spirituelle.

Prêtre et Victime, le Christ est pareillement l'Autel, et l'Autel éternel de son sacrifice. Son corps, siège de la divinité, a reçu le sang de la victime, sacramentellement à la Cène de la main du Prêtre, en attendant d'être inondé à la croix du sang que la coupe a fait jaillir. Nul autre autel n'eût été capable de sanctifier la victime auguste de notre souverain prêtre. Transporté au ciel, il la porte à perpétuité sous l'œil de Dieu. Autel vivant et « parlant », nous assure saint Jean dans l'Apocalypse. Autel unique, que les nôtres, faits de main d'homme, n'ont point pour mission de remplacer, mais de rappeler à notre foi attentive, « n'ayant reçu l'onction du chrême, comme dit le *Bréviaire Romain*, que pour mieux peindre Jésus-Christ, Notre-Seigneur, qui est notre autel, comme il est notre victime et notre prêtre ».

Prêtre, Victime, Autel de son sacrifice, Jésus-Christ en est aussi le premier convive, et en un sens le convive unique. Ainsi que nos Docteurs l'ont remarqué dès la plus haute antiquité avec un accord surprenant, non seulement il a donné aux siens à manger et à boire la chair et le sang de la Cène, mais il a voulu lui-même, chef de la race sainte et du peuple élu, s'asseoir à la table du Père et y manger le pain des enfants, gage de cet héritage éternel, dont il allait prendre possession, et auquel il allait nous donner accès en nous associant au repas de famille, à ce repas dont seul il pouvait avoir les prémices et seul nous étendre le bienfait : tellement que nul ne peut s'asseoir à cette table que comme membre du Fils unique et du divin Liturge, bien que nul aussi ne puisse être incorporé à notre Chef, que par la vertu de l'eucharistie, comme il apparaîtra en son lieu.

Mais tout se serait terminé à la Cène et au groupe des Douze réunis dans le cénacle, si

Jésus-Christ n'avait ajouté : « Faites ceci en mémoire de moi ». Ce commandement donne naissance au sacrifice de la messe. Sacrifice dans lequel l'Église, à son tour, de par le Christ auquel elle est associée indivisiblement dans l'unité d'un même sacerdoce, offre à Dieu ce que le Christ lui a offert : sa mort et sa passion ; et comme il le lui offrit : dans le rite d'une immolation sacramentelle ou mystique, c'est-à-dire symbolique, empruntée aux apparences du pain et du vin dont se recouvrent le corps et le sang du Sauveur à la voix du prêtre promulguant les paroles dont retentit la sainte cène. C'est ici l'oblation d'une victime, non plus à immoler pour de bon, mais déjà une fois pour toutes immolée dans le passé, — mais dans un passé qui survit, puisque le Christ reste toujours le sacrifié du Calvaire, au sein même de la gloire, qui fait de lui un « théo-thyte » éternel. *Oblatio hostiae, non immo-landae, sed immolatae.* Ainsi l'a compris toute l'antiquité ; ainsi l'atteste au courant des siècles la voix des docteurs et des liturgies, de l'Occident et de l'Orient, tant grec que syriaque, et de notre Moyen Age et du Moyen Age byzantin, la voix trop peu écoutée des apologistes de la contre-réforme dans les Pays-Bas, sur le Rhin, en France, en Italie, dans tous les pays où il ne suffisait pas de fulminer à longue distance des traits émoussés, bien que forgés sur l'enclume d'une scolastique

intrépide autant qu'arbitraire. Ce sont aussi
les catéchismes de nos pères, les instructions
des pasteurs à leurs peuples ; c'est tout ce
qui ne fut pas contaminé par une spéculation
sans règle et sans frein, à la recherche d'une
solution impossible à un problème inexistant,
dont les termes étaient ceux-ci : Étant donné
que la messe est un sacrifice, et qu'il n'y
a pas de vrai sacrifice sans une vraie victime, dire ce qui est fait au Christ dans la messe
pour le mettre en état de victime. Problème
qui n'apparaît nulle part avant le milieu du
seizième siècle ; et pour cause : le Christ n'était
pas à mettre en état de victime ; il y est à perpétuité, de par son sacrifice unique, consommé
par la gloire. Tout ce que nous avons à faire,
c'est de répéter ce qu'à fait le Christ : *Hoc
facite.* Il a sous les apparences de sa mort
offert de cette mort la réalité sanglante ; et
nous, de même. C'est offrir sa mort, que de
l'offrir lui-même en qualité d'éternel « théothyte » de sa passion ; c'est offrir cette unique
immolation, que de faire don à Dieu de son
corps, le corps du crucifié, et de son sang,
le sang de ses plaies. Mais d'en faire une hostie,
une victime, de l'immoler effectivement[1],

---

1. De l'immoler *effectivement*, disons-nous ; car de
l'immoler mystiquement, c'est-à-dire sacramentellement, c'est-à-dire symboliquement, il est bien évident
que c'est notre rôle, puisqu'en cela même consiste
l'oblation que nous devons faire à l'exemple du Christ,

comme firent les Juifs, ce n'est pas notre rôle.
Le pussions-nous, que nous ne devrions pas
le faire. Non, il suffit qu'étant hostie de son
sacrifice, il devienne par nos soins hostie de
notre sacrifice. Il est hostie sans nous : à nous
d'en faire NOTRE hostie. C'est ce que nous
faisons, en reprenant à notre compte le geste
de la cène. *Hoc facite*, faites de votre côté
ce que j'ai fait avant vous ; refaites mon sacrifice, et que mon sacrifice devienne le vôtre.
Entre ce qu'il fit et ce que nous faisons, il n'y
a, à bien le prendre, que ces deux différences.

Premièrement, à la Cène c'est lui-même qui
offrit en personne et tout seul ; maintenant
nous offrons conjointement avec lui ; et même
il n'offre que par notre entremise : notre oblation s'exerçant en vertu de la sienne, en vertu
de cette unique oblation émanée jadis du
Christ, mais toujours opérante comme une cause
universelle à l'égard de toutes les oblations
particulières et subordonnées, qui l'étendent
dans le temps et dans l'espace à l'universalité
de l'Église. L'Église indissolublement liée

ainsi qu'on vient de le dire. Il y a cette différence entre
une immolation effective et une immolation symbolique,
que la première affecte intrinsèquement celui qui en est
le sujet, et non point la seconde, qui lui reste extérieure,
ne se produisant que dans la région du signe sacramentel,
dans ces dehors sensibles, qui sous le coup des paroles
de la consécration se forment pour ainsi dire autour du
corps et du sang de Jésus-Christ, mais sans y pénétrer.

au Christ a reçu le privilège d'être agrégée à
son sacerdoce : et il faut que tout ce corps
sacerdotal du Sauveur entre en pleine participation de l'acte par lequel le Christ a acquitté
la rançon du monde, afin que le monde ait
l'honneur et le bien de travailler à sa propre
rédemption en acquittant de sa propre main
le prix plus que suffisant mis à notre disposition par le Christ Rédempteur.

Deuxième différence : ce que le Christ fit
avant la croix, nous le faisons après la croix,
in mei memoriam ; comme l'explique saint
Paul : « en mémoire de sa mort, jusqu'à ce
qu'il revienne » du ciel, où il a disparu. C'est
pourquoi la messe regarde le passé, tandis
que la Cène regardait l'avenir.

En conséquence, le sacrifice de la messe
et le sacrifice du calvaire, bien que l'un n'ajoute
pas à l'autre, non plus que la créature au
Créateur, ou le bien particulier au bien uni-
versel, néanmoins à regarder les choses du
côté de l'action oblatrice qui s'exerce de part
et d'autre, action du Christ tout seul dans
un cas, action conjointe et subordonnée du
ministre dans l'autre, oblation ici d'une victime toute faite, oblation alors d'une victime
en cours d'exécution : ces deux sacrifices
ne sauraient se résoudre dans une pure et
simple unité qui abolisse toute pluralité, s'il
est par ailleurs certain, comme nul n'en doute,
que les sacrifices se multiplient suivant la

diversité des oblations sacerdotales, qui en constituent l'élément formel. Tandis qu'au contraire, la cène et la croix ne font qu'un pour la même raison : n'y ayant entre elles deux qu'une seule oblation accomplie au cénacle et persévérant à travers la passion. Mais l'Hostie de la messe, la chose offerte en sacrifice (ce qui constitue le sacrifice non plus actif, mais passif) est de la croix à la messe, comme de la cène à la croix, strictement, numériquement une, non pas seulement à la regarder matériellement, ce qui ne donne que l'identité du même corps et du même sang, mais à la regarder formellement en tant qu'hostie, ce qui implique une seule immolation effective, une seule propriété acquise alors et désormais impérissable de don, de victime livrée à Dieu et passée en Dieu. Notre victime, c'est celle qu'a faite le calvaire et qu'éternise le ciel.

De cette vue se ressent l'appréciation de la valeur de la messe. On a parlé de valeur infinie pour chaque messe, infinie quant à la multitude de ceux qui peuvent en profiter, infinie quant à la grandeur du fruit que chacun peut en retirer ; valeur infinie en soi, mais en fait limitée par l'arbitraire divin quant au rendement effectif, suivant un tarif uniforme et invariable. Cette conception a un double inconvénient. D'une part, il est déplaisant de voir intervenir Dieu, non pour majorer nos biens, mais pour diminuer nos gains. Platon parle d'une Bonté qui n'est point envieuse de ses dons, mais se plaît à les répandre dans toute la mesure où ils peuvent être participés. Notre philosophie classique ne dit pas autre chose, lorsqu'elle nous présente Dieu comme Acte Pur, dont c'est le propre de répandre l'acte, mais non de le limiter, à quoi suffit la puissance réceptive. D'autre part, l'idée même d'une valeur infinie procède de cette illusion relativement moderne, suivant laquelle le sacrifice de nos autels serait l'œuvre immédiate, personnelle du Christ, répétant lui-même l'acte oblateur de messe en messe et d'autel en autel. Mais si, suivant la doctrine de quinze· siècles, la messe est l'affaire de l'Église, qui seule interpose une oblation nouvelle, bien que subordonnée à l'unique oblation du Christ, Prêtre principal, dont elle tire sa vertu ; si la messe est dès lors, en ce qu'elle apporte de nouveau, une démarche des hommes vers Dieu, mais non plus le propre et actuel mouvement du Christ vers son Père ; si elle est l'offrande, renouvelée par nous, mais non renouvelée par le Sauveur, de son corps et de son sang : alors il s'ensuivra que la chose offerte est bien d'un prix infini ; mais l'offrande active qui en est faite est limitée intrinséquement par la sainteté plus ou moins grande de l'agent d'où elle procède, et tout particulièrement de l'Église universelle, dont la sainteté est indéfectible, bien que variable. Or, comme le fait remarquer saint Thomas à ce propos, dans les relations entre l'homme et Dieu, comme dans celles d'un homme à un autre, pour apprécier la valeur d'un geste libéral, il y a encore plus à tenir compte du sentiment de celui qui offre, que du prix de ce qu'il offre. Et ainsi la valeur de notre geste, à nous, TOUT EN EMPRUNTANT DE L'HOSTIE A LAQUELLE IL SE RÉFÈRE UN SURCROÎT INCOMPARABLE DE VALEUR, ou pour mieux dire, un COEFFICIENT INCALCULABLE, restera néanmoins fonction d'une quantité finie, qui est celle de la sainteté oblatrice.

Comment concourent à déterminer la valeur d'une messe donnée ceux qui interviennent dans son oblation à un degré quelconque, c'est-à-dire en premier lieu l'Église universelle qui seule étant le corps du Christ ; seule peut offrir le corps du Christ ; deuxièmement, le prêtre célébrant, qui est l'organe de ce corps quant au ministère de l'oblation ; troisièmement, le fidèle qui procure la matière terrestre du sacrifice dans la mesure voulue pour subvenir aux besoins du ministre que l'autel doit nourrir ; quatrièmement enfin, ceux qui entourent l'autel en s'associant d'une manière spéciale à la célébration du mystère : c'est là une question du plus haut intérêt, dont toute la solution est offerte par les plus anciens documents de la littérature chrétienne. Qu'il suffise de dire ici que de ces quatre facteurs

humains de notre sacrifice, il en est un qui
prime tous les autres, l'Église. L'assistance des
fidèles peut manquer ; il se peut aussi qu'aucune âme pieuse, autre que le célébrant, ne
se soit faite la pourvoyeuse du sacrifice ; il
se peut enfin que le célébrant lui-même soit
sacrilège : du moins, l'Église reste, l'Église
toujours sainte, toujours bien accueillie de
Dieu. Et grâce à cette permanence du facteur
principal (entre les facteurs humains), l'offrande
du corps et du sang de Jésus-Christ est toujours agréable à Dieu, même dans les conditions les plus défavorables. Le prêtre fût-il
non seulement prévaricateur, mais interdit,
mais dégradé, mais excommunié, mais séparé
de l'Église par l'hérésie formelle, du moment
qu'il offre, l'Église offre par lui ; et, si préju-
diciable que lui soit à lui-même l'exercice de
ce ministère illicite, quelque dommage qu'il
en revienne à ceux qui ne craignent pas de s'y
associer personnellement, du moins le corps
de l'Église en bénéficie, et le sang du Christ
profané par les indignes, crie encore miséricorde pour le peuple fidèle.

Et à qui revient le fruit de la messe ? D'une
manière générale, à ceux qui pour elle est
offerte. Mais qui rentre dans cette catégorie ?
D'abord ceux qui offrent : car nul, s'il est
pécheur, ne peut offrir pour les péchés des
autres, sans offrir d'abord pour ses propres

péchés. Toute messe emporte donc pour les oblateurs un gain personnel et inaliénable. Mais la charité, qui fait de nous tous un seul homme dans le Christ, permettant à chacun d'offrir pour les autres comme pour soi, le fruit de la messe s'étend dès lors par manière de suffrage à tous ceux pour qui il nous est loisible d'offrir.

Il va sans dire que ce pouvoir oblateur, qui ne nous appartient que comme membres du corps sacerdotal de Jésus-Christ, ne réside (même au plus bas degré) que dans ceux qui sont agrégés à son sacerdoce par le baptême et demeurent unis à l'Église par le lien de la foi. Eux seuls donc peuvent se procurer à eux-mêmes le fruit du sacrifice par le moyen de leur propre offrande commise aux mains du prêtre. Mais nul n'est exclu du suffrage, nul d'entre les vivants, nul d'entre les morts qui se trouvent en purgatoire ; et, s'il s'agit d'une intention nominative pour un mort déterminé, nul à tout le moins de ceux qui ont laissé ce monde en communion visible avec l'Église : ils sont tous présumés demeurer dans le corps du Christ ; comme, hélas ! doivent être présumés étrangers au corps du Christ ceux qui sur terre n'étaient point en relation visible avec lui. Que si (ce qu'il est toujours permis d'espérer) le lien invisible n'en sub-sistait pas moins, il leur reste une part dans le bénéfice collectif qui revient tous les jours du sacrifice de l'Église à la multitude des âmes innommées.

Cela dit sur la nature du sacrifice de la messe et sur son utilisation, il reste à définir l'action par où il s'accomplit. Ce n'est ni la communion, laquelle étant participation à l'Hostie du sacrifice, présuppose le sacrifice déjà fait, au lieu de le constituer ; ni la fraction du pain, qui loin de symboliser originellement la passion, ne fut qu'un rite ordonné à la distribution du repas eucharistique entre plusieurs fidèles ; ni non plus aucune formule verbale d'oblation : le sacrifice étant essentiellement la tradition d'un don, et non point l'énoncé de cette tradition ; une offrande en acte, et non point, seulement traduite en paroles. Ce n'est pas non plus l'épiclèse, si auguste qu'elle soit, si bien placée qu'elle puisse être après la commémoraison de la cène ; et cela dans toutes les liturgies, sans exception, soit qu'elle se réfère à la Divinité, ou à la Trinité, soit spécialement au Père, ou au Fils, ou au Saint-Esprit ; épiclèse vague, qui implore seulement la venue de l'Esprit sur les dons, comme en de très rares documents tels que la Liturgie d'Hippolyte ; ou épiclèse plus précise, demandant en termes propres la transsubstantiation, soit par la descente de la vertu divine sur les dons pour les changer au corps et au sang du Christ, soit par la translation des dons sur l'autel véritable et sublime, qui n'a jamais porté qu'une seule victime, celle de l'unique Prêtre et de son unique sacrifice. Dans l'un et dans l'autre cas, l'épiclèse présuppose le sacrifice déjà fait, ayant pour objet d'en demander à Dieu l'acceptation et la ratification (bien qu'en fait cette ratification, ou acceptation, consiste dans la transsubstantiation déjà opérée). Non, rien de tout cela, pour grand qu'il soit, ne constitue le sacrifice ; ce qui le constitue, c'est la consécration opérée par les paroles du Christ, et par elles toutes seules. De sorte que, et *l'acccptation* du sacrifice par Dieu, et son *oblation* par l'homme, et la *commémoraison* de la cène et de la passion du Christ, tout cela se trouve réalisé dans le même instant et par l'effet des mêmes paroles, selon que ces paroles sont envisagées : soit comme conférant au corps et au sang la qualité de dons, empruntée au pain et au vin (oblation) ; soit comme effectuant un miracle de la toute puissance divine (acceptation) ; soit comme perpétuant le souvenir tangible et vivant du sacrifice de la rédemption (commémoraison). Nulle merveille donc, qu'il faille pour l'intelligence du mystère et l'édification des fidèles distinguer ces divers éléments ou aspects d'une même action complexe et indivisible, et en échelonner l'expression cérémonielle et littéraire à travers les parties successives de la liturgie : c'est pourquoi précède la commé-

moraison orale de la cène, amenant les paroles
du Sauveur, puis, comme en exécution du
mandat qui les termine, le rappel de la passion, de la résurrection et de l'ascension, suivi
naturellement de la présentation des dons, qui
aboutit nécessairement à la demande d'acceptation : anamnèse, oblation, épiclèse.

Mais quelles sont-elles, ces paroles du Christ
essentielles à la confection du sacrifice ? Pour
le pain, nulle difficulté. Mais quant au calice,
il semble bien qu'il faille en revenir à la doctrine de saint Thomas, exigeant, outre la mention du sang, l'indication de son rôle propitiatoire : faute de quoi la forme sacramentelle
pourrait bien être expressive d'une présence
réelle, mais non de cette présence qui implique
dans le Christ la qualité de don, de don propitiatoire, de victime expiatrice, de sacrifice.
Or, c'est celle-là que Jésus-Christ a instituée,
après l'avoir inaugurée à la cène. Qu'on y
prenne garde. Il aurait pu opérer telle transsubstantiation qu'il lui plaisait, sans y attacher
le caractère d'une oblation faite à Dieu. Même
si la transsubstantiation représentait sa mort
imminente par une désignation distincte du
corps et du sang, il reste qu'elle eût pu la
représenter aux hommes, à la manière d'un
sacrement, sans la présenter à Dieu en façon
de sacrifice. Qu'est-ce qui viendra donner à la
transsubstantiation cette portée supérieure,

et la lui donner non pas d'une manière intérieure et cachée, mais claire, éclatante, comme
il convient à ce signe extérieur, à ce rite parlant, qu'est le sacrifice ? En d'autres termes,
qu'est-ce qui marque la transsubstantiation
comme un geste oblateur ? C'est précisément
l'orientation que prend le rite du fait des paroles qui dans la forme sacramentelle énoncent
un but propitiatoire. Si le corps du Christ
est livré *pour nous*, ou si son sang coule *en
notre faveur, pour l'expiation de nos péchés*,
alors, mais alors seulement, il apparaîtra que
la représentation de sa mort dans la réalité du
corps et du sang n'a pas seulement la valeur
d'un tableau vivant offert à nos yeux, mais
que du côté qui regarde Dieu elle engage la
rançon du monde. Alors il y a don ; don qui
monte vers Dieu, avant de redescendre vers
les hommes. Ainsi dans notre eucharistie,
pas de transsubstantiation sans sacrifice,
parce que le Christ a voulu lier ceci à cela.
Mais d'autre part, pas de sacrifice sans le
mouvement vers Dieu ; lequel ne se décèle
que par la destination propitiatoire du don ;
qui elle-même n'est exprimée, et par conséquent ne sera imprimée, que par une forme
sacramentelle énonçant outre la présence,
le pourquoi de cette présence. Telle est indubi-
tablement la pensée de saint Thomas et de tous
ses plus anciens commentateurs, en opposition

à celle de saint Bonaventure, suivie peut-être avec trop d'empressement par la plupart des modernes.

Mais encore les paroles du Christ, même dans leur teneur intégrale, suffiront-elles, à elles seules ? Il semble bien que non ; et c'est ici que Scot paraît avoir raison contre saint Thomas. Des paroles comme celles-ci : Ceci est mon corps etc. Ceci est mon sang, etc., ne peuvent désigner le corps et le sang du Christ qu'à condition d'être placées sur les lèvres du Christ. Sinon ce n'est pas le sien qui sera désigné, mais le mien, à moi qui parle. L'intention qui me fait parler n'y pourra rien. Elle n'est pas chargée de préciser ou de rectifier le sens d'une formule, mais seulement d'appliquer pour de bon à une matière idoine une forme d'elle-même claire et non équivoque, juste et non fautive. Mais pour faire parler le Christ, il faut raconter qu'il parla, qu'il proféra à la Cène les paroles que nous citons, et dès la Cène même les proféra sur les espèces auxquelles nous les promulguons (*accipiens et* HUNC *praeclarum calicem*).

Mais faut-il de plus que ce récit de la Cène soit formulé de telle sorte, ou du moins soit introduit par une telle préface, qu'il paraisse manifestement s'adresser non pas aux hommes, mais à Dieu : hypothèse qui tendrait à donner à la première moitié du canon un rôle non négligeable dans la consécration de l'eucharistie ? Les raisons en faveur de l'affirmative, qui fut défendue par des théologiens très orthodoxes, peuvent se prendre de l'exemple du Christ, lequel consacra à la suite d'une prière d'action de grâces et de bénédiction envers Dieu ; ou de la tradition patristique, qui montre dans notre sacrifice une prière ; ou de la raison théologique, qui s'étonnerait de voir la liturgie propre et formelle du sacrifice dans un propos d'allure purement historique, sans rien qui y mette un cachet religieux. Mais l'exemple du Christ se retourne contre la thèse, car très certainement le Christ consacra en parlant à ses disciples. Par ailleurs, qu'on parle ou non à Dieu, les Pères ont raison de voir dans notre sacrifice une prière, puisque tout sacrifice contient implicitement la demande de l'acceptation divine, et que le nôtre en plus s'accomplit, non par une action matérielle, mais par les paroles que nous proférons. Enfin, le discours consécrateur sera toujours religieux par le seul fait qu'il ordonne une victime au culte divin. Il ne paraît pas évident qu'il y faille rien de plus : et sans réprouver l'exigence de certains, on restera encore dans la sagesse en ne s'y associant pas.

*
* *

Symbole de la mort du Christ, l'Eucharistie est aussi un signe annonciateur de notre résurrection glorieuse, en même temps qu'un signe indicateur de notre union au Christ et de l'union des fidèles entre eux dans l'Église : à ce titre elle est un sacrement.

Destinée en effet au banquet des fidèles ensuite de son oblation à Dieu, elle a cette propriété, inhérente (comme on l'a vu) à tout ce qui est servi sur la table des sacrifices, de signifier la béatitude de la vie future, la sainteté de la vie présente, et l'unité de la famille divine. C'est ce qu'elle fait d'une manière éminente, en représentant et en opérant l'incorporation des membres au Christ, Chef de ce Corps ecclésiastique, qui sera intégré dans les cieux.

L'union au Christ, figurée et effectuée par l'Eucharistie, n'est pas la simple présence physique de Jésus-Christ en nous. Elle est l'effet de cette présence physique ; non point transitoire comme elle, mais permanent. Elle consiste dans la communauté spirituelle qui s'établit entre Jésus-Christ et nous (*I Cor.* 10^{16-21}) ; dans l'immanence mutuelle du Christ en nous, et de nous dans le Christ (*Jo.*, 6^{56-57}) ; dans l'influence vivifiante de ce principe vital qu'est le Christ (*I Cor.*, 15^{45}) sur le sujet auquel il se communique ; dans la formation résultante de ce corps unique, intégral et vivant, où nous trouvons place.

La communion sacramentelle nous lie par une communion spirituelle à la chair immolée

du Christ, à la victime sanctifiée et sanctifiante, qui nous est dispensée pour faire circuler en nous la vie qu'elle puise au sein de
la gloire divine, devenue désormais son élément.
Cette sève de vie est dans les vaisseaux de
notre âme, la grâce. La grâce ne nous unit donc
pas seulement à la divinité, elle nous unit
directement à l'humanité même du Sauveur.
Spirituellement, ce qui ne veut pas dire irréel-
lement, mais ce qui veut dire immatérielle-
ment, elle nous unit à son corps. C'est ce dy-
namisme vital et ininterrompu de la chair
du Christ, qui, entretenant en nous la vie,
entraîne notre union à son esprit et à sa divinité. La chair est médiatrice, la chair du Fils
de l'homme, entre nos âmes et son âme, pour
nous faire participer, par delà son âme
même, à la nature divine.

En chacun de nous, la grâce est un écoule-
ment et une dépendance de cette grâce sanctifiante qui réside premièrement dans l'humanité du Christ, et qui y réside en toute plénitude : c'est-à-dire en « plénitude de perfection
et en perfection de plénitude ». Ce qu'il faut
entendre, non pas seulement d'une plénitude
relative aux mesures inférieures de grâce
départies en fait à d'autres créatures, mais
d'une plénitude absolue, par comparaison
avec toute grâce possible ; plénitude non pas
supérieure seulement en degré à toute autre,
mais plénitude sans mesure, et par conséquent

sans commune mesure avec rien de ce qu'elle dépasse. Toute autre conception reste au-dessous de Celui qui même en son humanité est le fils par nature, et nullement par adoption comme les autres (en qui la grâce sanctifiante imite d'une façon fort lointaine les prérogatives de la filiation naturelle). Dans l'héritier-né de la gloire et le sujet connaturel de la grâce il ne peut rien manquer de ce que Dieu peut donner. Il n'en fallait pas moins d'ailleurs au Rédempteur, pour pouvoir offrir de nos péchés une compensation égale à toute la haine qu'ils méritent d'inspirer, et faite de toute la douleur qu'il leur appartient de faire ressentir ; il n'en fallait pas moins pour que l'Homme-Dieu fût (d'une manière prochaine) effectivement et constamment garanti contre tout obstacle (si haut qu'on pût l'imaginer) à l'accomplissement de la volonté de Dieu, ni pour que cette source de notre grâce pût triompher en nous, si elle voulait, de tous les mauvais vouloirs, si extrêmes qu'on pût les supposer. *De plenitudine ejus omnes nos accepimus.* Nous avons tous reçu de sa plénitude ; et c'est ce qui se fait par l'eucharistie.

L'eucharistie ne peut nous lier au Christ, sans nous lier tous les uns avec les autres. Et c'est ainsi que l'unité de l'Église, de cette corporation spirituelle qui intègre le corps du Christ, résulte, comme l'enseigne saint Paul, de l'unité du pain eucharistique : « Parce que le pain est un, c'est pour cela que nous sommes un seul corps, nous tous qui participons d'un pain unique » (*I Cor.*, 10^{17}). D'où l'identité, ou tout au moins l'équation entre la communion à l'eucharistie et la communion à l'Église, entre l'excommunication qui sépare du corps eucharistique et l'excommunication qui sépare du corps ecclésiastique du Christ.

Ce corps ecclésiastique ne sera complet qu'au ciel, après la résurrection glorieuse ; et la résurrection glorieuse sera elle-même le fruit de l'eucharistie (*Jo.* 6$^{54,\ 58-63}$). Associés au Christ comme les membres au chef, comment pourrions-nous finir dans la poussière, tandis que le chef régnerait dans la gloire ? Que serait un corps fait d'une tête couronnée dans le ciel, et de pieds à jamais ensevelis dans la tombe ? Sans compter que la grâce, introduite par l'eucharistie, se muant au ciel en gloire, habilite les âmes à se communiquer glorieuses à la chair, que d'un désir incoercible, puisqu'il est inné, elles appellent comme leur complément naturel, et qu'elles ne pourront plus animer sans la glorifier. C'est pourquoi le banquet eucharistique a été donné par le Christ comme la figure sacramentelle du banquet céleste (*Matth.* 26^{29}, *Marc*, 14^{25}, *Luc*, 22$^{29-30}$). Entre deux, au dernier jour, partout où sera le corps du Christ en la personne de ses membres inanimés, les aigles, âmes saintes du paradis, viendront, rassemblées des quatre vents, pour relever ce qui était abattu, et édifier en toutes ses parties le corps définitif et glorieux du Fils de Dieu, dont une fois de plus la gloire aura dévoré jusqu'aux derniers restes de corruptibilité et de morta- lité (*Matth.*, 24[28], *Luc*[37], 17).

De ce sacrement, l'élément sensible est constitué par les espèces, affectées de la forme, qui détermine la signification de l'ensemble par rapport au corps et au sang du Christ. Mais par delà le sacrement extérieur, il y a un sacrement intérieur : le corps du Christ, désigné par les espèces, mais désignant à son tour autre chose, c'est à savoir l'Église, composée du Chef et de ses membres.

La causalité procède parallèlement à la signification, puisque c'est le propre des sacrements de produire ce qu'ils désignent, voire de le produire par le fait qu'ils le désignent. Ainsi le rite extérieur, constitué par l'union de la forme aux espèces, produit la transsubstantiation au corps du Christ ; et le corps du Christ a pour effet d'édifier pièce à pièce l'universalité de l'Église.

De cette économie il y a donc lieu d'exclure toute causalité immédiate du premier terme à l'égard du troisième, c'est-à-dire des espèces sacramentelles relativement à l'Église. Ce n'est pas la multiplicité des grains de blé ou de raisin fondus dans l'unité, qui par elle-même représente sacramentellement l'unité de l'Église, ou y concourt efficacement. Ce symbolisme n'a rien que d'accomodatice, si pieux, vénérable et antique qu'il soit, plus antique peut-être même que le christianisme (s'il est vrai qu'il soit d'origine juive), en tout cas aussi dépourvu d'institution divine que le mélange de vin et d'eau, ou que l'emploi des azymes. L'ordre sacramentel est celui qui va du dehors au dedans, du contenant au contenu, et puis de ce précieux contenu à son expansion à travers toute l'humanité, c'est-à-dire du corps du Christ né de la Vierge Marie et immolé sur la croix au corps du Christ rassemblé des quatre coins du monde pour être recueilli dans le paradis.

La dualité des espèces, pain et vin, pose un problème quant à l'unité du sacrement. Il n'apparaît de solution satisfaisante que dans la conception qui envisage le banquet eucharistique comme un repas de sacrifice : auquel il suffit d'avoir goûté en quelque sorte que ce soit, pour s'assurer tout le bienfait qu'il tient en réserve. C'est pourquoi la communion sous une seule des espèces ne prive les fidèles d'aucun des fruits de l'eucharistie.

A cette unité formelle du sacrement s'ajoute une rigoureuse unité numérique à travers le temps et l'espace, bien que sous les apparences d'une multiplicité due à la pluralité des sacrifices. Unité numérique si réelle, que le communiant d'aujourd'hui ne participe pas moins directement au repas de la Cène, à ce banquet anticipé du Calvaire, que les Douze, à qui Jésus-Christ dispensa de sa main la chair et le sang de l'Agneau rédempteur. Depuis lors jusqu'au dernier jour, c'est toujours le même pain, le même calice qui circule de main en main à travers toutes les générations. Encore une fois, c'est de ce calice, c'est de ce pain que Jésus-Christ a dit à la Cène : Ceci — ceci que nous, prêtres du xxe siècle, nous tenons entre les mains — ceci est mon corps, ceci est mon sang. Nous ne racontons pas seulement la Cène quant au calice et au pain de cette nuit mémorable ; nous avons bien la prétention de référer le discours du Seigneur à nos propres dons. C'est ce que l'École exprime en disant que sur nos lèvres les paroles du Christ, tout en ayant le propre caractère d'une « citation », n'en visent pas moins d'une manière directement « significative » ou « démonstrative », le mystère présent.

Si on compare l'eucharistie aux autres sacrements, et d'abord au baptême, on voit que le baptême n'incorpore à l'Église et au Christ que par la vertu de l'eucharistie. Sacrement de mort, qui nous arrache au vieil Adam et à la triste vie du péché héréditaire, mais en vue d'une vie nouvelle, vie de grâce et de justice, à puiser dans le sein du nouvel Adam, le baptême regarde l'eucharistie comme la source de cette vie bienheureuse, que lui-même par son symbolisme propre ne se suffirait pas à désigner comme conférée, mais seulement comme convoitée. Et c'est ainsi que dans la signification sacramentelle du baptême, s'insère un appel vers l'eucharistie. Et comme tout sacrement imprime ce qu'il exprime, le baptême introduit dans l'âme un désir de la communion, habituel ou actuel suivant les cas. A cet égard, le baptême peut se définir le sacrement de la communion de désir. Et parce que le désir, comme une main tendue vers la source des biens célestes, capte déjà les eaux de la grâce qui s'en échappent, il apparaît que le baptême initie d'ores et déjà aux fruits de l'eucharistie. On voit dès lors comment la communion sacramentelle vient ratifier le baptême, comment l'éloignement de la sainte table apporte un démenti aux vœux du baptême, et par conséquent comment la rénovation des vœux du baptême trouve sa place tout indiquée au jour de la première communion.

Les autres sacrements eux-mêmes ne confèrent la grâce qu'en dépendance de l'eucharistie. Chacun d'eux vise en propre une préparation à l'eucharistie ou une sauvegarde de notre vie eucharistique. La pénitence est le sacrement de la réadmission à l'eucharistie ; la confirmation fortifie le lien eucharistique contre les difficultés du dehors ; le mariage

le met à l'abri des difficultés du dedans. L'extrême-onction, en abolissant les dernières
traces du péché, prédispose l'âme à l'union
parfaite, à la communion plénière. L'ordre
est tout entier ordonné à l'oblation et par suite
à la participation officielle de l'eucharistie.
Tout regarde vers elle, comme nos églises
vers le soleil levant et le mont du Calvaire.
Tous les sacrements y acheminent, ou lui font
un rempart. Et si le moyen n'est désirable
qu'en vue de la fin, il faut convenir qu'ils
portent tous dans leurs flancs le vœu de ce
sacrement auquel s'oriente toute leur propre
activité. Et c'est à ce titre que la spécialité
de chacun sera introduite par le moyen de la
grâce sanctifiante, qui, elle, est en propre le
produit de l'eucharistie.

L'eucharistie a son tour, requiert ou utilise
ces dispositions spéciales introduites dans les
fidèles par tous les autres sacrements. Ce sont
comme autant de voies ou de canaux ou de
veines, qui s'ouvrent en nous à son influence
vitale. D'où entre elle et eux une différence
capitale quant au genre de causalité instru-
mentale qui leur est échu respectivement
vis-à-vis de la grâce. Celle de l'eucharistie
est « perfective » : elle atteint la grâce en soi, et
cela par ses propres moyens ; celle des autres
sacrements n'est que « dispositive » : elle
atteint la grâce sanctifiante moyennant les
variétés de cet apport particulier à chacun,

qui ne fait corps avec la grâce que par la vertu de l'eucharistie.

Cela posé, on n'aura pas de peine à entrer ou à rentrer dans le grand courant de la tradition catholique relativement à la nécessité de l'eucharistie. Nécessité de moyen, et non pas seulement de précepte ; nécessité qui ne s'expliquerait pas, si le sacrifice eucharistique se référait à une autre immolation qu'à celle de la croix ; mais nécessité fort intelligible, si le Christ de l'eucharistie n'est précisément que l'Agneau « théothyte » du calvaire, hors duquel il n'est pas possible de se procurer le fruit du sacrifice de la rédemption. Donc, hors de l'eucharistie, pas de communion au Christ ; hors de l'eucharistie, pas de communion à l'Église ; hors de l'eucharistie, pas d'adoption divine. Les anciens eux-mêmes, au temps des ombres et des figures, ont dû s'unir de désir à cette chair divine, manger en esprit de ce pain du ciel. Pour nous, pour tous, vaut d'une manière absolue ce mot de Notre-Seigneur : « Si vous ne mangez ma chair et ne buvez mon sang, vous n'aurez point la vie en vous ». Les Pères se refusent à admettre plus d'exception à cette règle qu'à celle qui fait du baptême la condition de l'entrée dans le royaume des cieux. Mangée de bouche, ou du moins en désir, l'eucharistie est le moyen indispensable du salut.

Sa réception ultérieure et réitérée est aussi le moyen indispensable de la persévérance.

Seule elle assure le progrès dans la grâce, qui est lui-même une condition absolue de la fidélité à l'essentiel des commandements : soit parce que nous sommes hommes, obligés au progrès par notre nature même, qu il ne nous est pas permis de démentir impunément ; soit parce que nous sommes sujets à l'usure, qui exige pour la simple prolongation de la lutte contre le mal une force croissante. Or, l'accroissemeent de la grâce provient en dernière analyse de la même source que ses commencements : de cette unique fontaine des eaux vives, qui est l'eucharistie. Il convenait donc que Jésus-Christ instituât l'eucharistie sous les espèces d'une nourriture quotidienne telle que le pain et le vin ; comme aussi il est naturel que dans la prière que nous tenons de lui, figure, en tête de toutes les demandes que nous faisons pour nous, celle du pain de chaque jour, pour l'âme encore plus que pour le corps, ainsi que l'a toujours compris la tradition catholique.

On voit comment l'eucharistie, sacrifice et sacrement, récapitule dans sa richesse tout ce que la croix a offert à Dieu et procuré aux hommes. Elle est l'abrégé des merveilles faites par le Tout Puissant pour le salut de l'humanité. Elle est mieux encore : elle en est le reliquaire ; non, la relique vivante et immortelle. C'est le sang du calvaire et la rosée du ciel tout ensemble : le sang qui crie miséricorde, et la rosée vivifiante qui relève le sarment abattu. C'est le prix soldé pour nous, et le bien qu'il nous a valu. C'est la vie et le prix de la vie. La croix n'était pas plus riche, ni la cène, ni les deux ensemble : tout cela dure ; tout cela, qui contient toutes les espérances de l'humanité. Et c'est pourquoi la Messe est bien dénommée le Mystère de la Foi ; non seulement parce que tout le dogme chrétien, qui est le dogme de notre ruine en Adam et de notre restauration en Jésus-Christ, s'y trouve résumé ; mais encore et surtout parce que le drame, l'action, l'épopée, par laquelle se réalisa ce magnifique relèvement, dédommagement surabondant de nos anciennes pertes, continue d'y avoir son cours, dans une répétition, qui n'est pas un pur symbole, mais qui est l'actuation parmi nous de ce qu'accomplit le Christ, lui, le héros, non point d'un mythe fumeux, mais d'une histoire authentiquement divine, et l'instituteur du rite sacré que nous renouvelons en sa mémoire. S'il n'y avait que folie dans les « mystères » des Grecs, il y a dans le nôtre la sagesse et la vertu de Dieu. Tous les chrétiens sont des « mystes », le Christ est leur grand « mystagogue », qui les initie aux douleurs de sa mort et à la grandeur de sa résurrection, par les mystérieuses paroles dont l'Église a le secret, ramenant devant nous la chair et le sang du Calvaire, le pain du ciel

et le calice du salut éternel, dont la consécration quotidienne et le quotidien banquet
constitue au cours des temps le vrai « mystère »,
le Mystère auguste de la Foi chrétienne, prélude de la théophanie des cieux par celle de
nos autels.

Tout ce qui précède, sur la nature du sacrifice eucharistique, et sur les conséquences re-
latives au sacrement, reçoit une confirmation
éclatante de l'analyse de la transsubstantiation, laquelle se démontre essentiellement in-
capable de se terminer à autre chose qu'à un
objet préexistant, et non moins impuissante
à modifier son état antérieur, soit substantiel
soit accidentel ; tout en lui conférant une nouvelle présence sous les espèces de la matière
transsubstantiée. Impossible donc d'introduire
en Jésus-Christ par la transsubstantiation
un nouvel état intrinsèque. La transsubstantiation ne pourra pas faire que la vie cède
la place à la mort, ou inversement ; elle ne
pourra pas faire que le corps soit sans âme
dans l'eucharistie, s'il est vivant dans le ciel ;
comme elle n'aurait pu maintenir l'âme unie
au corps dans l'eucharistie, quant Jésus était
mort dans le tombeau. Elle ne pourra pas
diminuer d'une coudée, même à force d'y penser
pendant des siècles, la stature de Notre-Seigneur ; mais tel il est dans le ciel, tel nous
l'avons. Elle ne peut même pas l'enrichir d'une

relation réelle aux espèces qui le contiennent ;
mais ce sont elles, qui, dépouillées par la transsubstantiation du contenu substantiel auquel
elles se référaient, reportent maintenant sur
le corps du Christ cette relation, qu'elles avaient
au pain comme son lieu, pour ainsi dire, et
son extérieur. C'est ainsi qu'elles déterminent et dénotent la présence du corps du
Christ à cette partie de l'étendue qu'elles oc-
cupent : lui étant unies, comme à la substance
nouvelle qui remplace le pain, sans être toutefois, comme l'était le pain, affectée on
modifiée, ni par conséquent mesurée par elles.
Et c'est pourquoi le corps ou le sang du Christ
est présent aux espèces sans se diviser avec
elles, ni en acte, ni en puissance, mais
toujours tout entier dans chacune des parties
comme dans le tout. Lorsqu'elles cesseront
d'être ce qu'elles sont actuellement, espèces
et accidents connaturels du pain, elles cesseront d'être aussi le contenant et le truchement
du corps du Christ : puisqu'elles ne le possé-
daient et ne le désignaient que comme tenant
lui-même lieu du pain auquel leur nature les
destinait. L'effet de la transsubstantiation est
alors terminé ; l'ordre naturel des choses
reprend son cours. Les espèces se changent en
la substance que le pain en se décomposant
aurait engendrée ; mais cette dernière transformation laisse le corps du Christ inchangé.
Il n'est plus présent ; le sacrement s'est

évanoui : mais lui ne s'en est pas ressenti ; il ne lui est rien arrivé. Il est, quant à son être et quant à son état, hors de toutes les atteintes de l'œuvre sacramentelle. Sa présence seule en dépend, qui ne met rien de nouveau en lui, bien qu'offrant un nouveau terme à la relativité des espèces, par l'effet du changement survenu dans le pain.

Cela étant, il est bien impossible que la transsubstantiation introduise en Jésus-Christ un nouvel état intrinsèque d'hostie, de victime, de chose immolée. Il faut donc que la réalité de cet état soit indépendante de notre action, laquelle se limite à la transsubstantiation. Raison de plus, pour ne pas nous demander ce que nous faisons à Jésus-Christ pour le mettre en état d'Hostie, comme s'il n'y était pas encore par devers soi. Jamais problème théologique ne fut posé en termes moins heureux. Les vrais termes du problème étaient ceux-ci : étant donné que Jésus-Christ est la victime éternelle du Calvaire, où gît l'oblation que nous faisons de cette victime ? Elle gît tout entière dans l'immolation représentative que nous en faisons, à l'imitation du Christ, qui le premier par cette voie a offert une fois pour toutes le sacrifice de la rédemption.

Ce sacrifice de la rédemption fut l'œuvre médiatrice du Christ. Le sacrifice de la messe est l'œuvre par laquelle l'Église tout entière s'empare du prix de la rédemption, pour l'acquitter désormais elle-même ; non plus, comme l'était jadis l'humanité sans le Christ, débitrice insolvable, mais riche et pourvue d'un trésor inépuisable, qui lui permet de faire de ses propres mains honneur à ses dettes et à celles de l'humanité tout entière : bien que toujours en union avec son Chef, et en vertu du lien de solidarité qu'il a établi entre elle et Lui. Ce qu'il a amassé, elle l'exploite. Et en ce sens l'Église tout entière est rédemptrice, et l'Église tout entière est sacerdotale. Par l'effet de son association au sacerdoce unique du Christ rédempteur, et en dépendance de sa primauté, elle est la fidèle coadjutrice du souverain Prêtre et la coopératrice effective du rachat des hommes : *conredemptrix et consacerdos*. Mais ces deux attributs, entre tous les membres de l'Église, conviennent d'une manière éminente à la Vierge Marie, plus unie que tous au Chef du sacerdoce, plus étroitement associée de cœur et de fait à son acte sacerdotal, et plus que nul autre, propriétaire de la divine hostie. C'est le fondement de la médiation privilégiée de la Vierge Mère, en subordination à la médiation unique de son Fils. C'est ce qui fait d'elle, sous l'autorité principale du Christ, une cause universelle dans l'ordre de la propitiation et de l'impétration en faveur de tout ce que souille la tache héréditaire. A la base se trouve sans doute

l'union du Fils et de la Mère, mais aussi l'unité
de la croix et de l'eucharistie : de la croix, qui
nous a enrichis d'un trésor, et de l'eucharistie,
qui entre nos mains l'exploite ; de la croix,
qui nous a valu le Christ ressuscité et glorieux, et de l'eucharistie, qui aujourd'hui
nous le communique ; de la croix rédemptrice et régénératrice, et de l'eucharistie,
offerte sur nos autels pour nous appliquer le
prix du rachat, et reçue pour nous appliquer
le principe de notre régénération ; de l'eucharistie, en un mot, qui fut entre les mains
de Marie, comme entre les mains de toute
l'Église, le seul moyen par où elle pût nous
appliquer (mais combien plus excellemment
que tout autre !) le bienfait et les fruits de la
Croix. Aussi l'Orient avait-il raison de saluer
en Marie « la racine de notre sacrifice », ou
encore de l'acclamer, à la conclusion des
sacrés mystères, comme la tige glorieuse « qui
porta notre eucharistie ».

Rien de ce qui intéresse la vie chrétienne,
ou exerce une séduction sur le cœur des disciples de l'Évangile, n'est donc étranger à
ce *Mystère de la foi*, à ce mystère vivant, à
ce mystère quotidien, qui, à meilleur titre
que les mystères antiques des religions païennes.
peut se flatter de renouveler l'homme, et
de l'introduire dans une sphère sacrée et
divine ; là, où, dans une communion de tout
l'être avec la Vérité à la fois invisible et

dévoilée, s'offre la participation à une Vie supérieure : celle du Héros, celle du Dieu, hier mourant, aujourd'hui ressuscité, toujours victorieux, et prêt à s'associer dans son triomphe quiconque approche de lui, non pas en profane, impur, souillé, mais en initié, déjà préparé par la mort baptismale à la vie qui ne doit pas finir. Voilà l'Eucharistie, voilà le Mystère de la Foi. Non, les Grecs et les Syriens n'étaient pas seuls à avoir les leurs, d'ailleurs répugnants autant que mensongers. Les chrétiens avaient le leur, pur, saint, plein de vérité ; et ils le faisaient sonner (probablement par la bouche du diacre) à l'heure la plus auguste de leur liturgie. Que Mithra se cache, et la Grande Déesse, et tout le cortège des mensonges helléniques ou barbares. Voici le Christ ; voici le sang purificateur, voici la porte du ciel ouverte, et, face à face, Dieu et sa créature ; voici le banquet aux mets incorruptibles, voici l'éternité déjà aspirée et possédée, voici la fin et le principe réunis, voici le tout réduit en un ; et voici la diversité, dans la succession des temps et dans l'immensité des étendues, récapitulée sous un seul chef, en un seul corps : voici l'Église, indivise, immortelle, épousée du Verbe, chair de l'Agneau, *caro de carne :* et ils ne sont qu'un. C'est fait. Voilà l'Eucharistie. Voilà le Mystère de la Foi. Et voilà de quoi faire tressaillir d'aise et de fierté le cœur du chrétien qui entend ou qui dit ces paroles : *Hoc est corpus meum. Hic est calix sanguinis mei, novi et aeterni testamenti* (MYSTERIUM FIDEI), *qui pro vobis et pro multis effundetur in remissionem peccatorum. Haec quotiescumque feceritis, in mei memoriam facietis.*

LETTRE A UN PUBLICISTE

SUR

LES SACRIFICES

Si discutables que m'apparaissent en certains points les vues que vous me faites l'honneur de m'exposer sur les sacrifices, elles ne m'apparaissent certes pas hétérodoxes ou téméraires. C'est-à-dire, que dans l'état actuel de la science sacrée, à la présente étape du développement théologique, vos vues ne présentent rien qui puisse ni de près ni de loin motiver une censure, si légère soit-elle.

Il faut savoir en effet que la doctrine du sacrifice, comme le remarquait Contarini à l'époque du Concile de Trente, est une des moins développées qu'il y ait dans l'Église ; et les trois derniers siècles, au lieu de marquer un progrès, ont plutôt accusé une régression ; du moins chez les théologiens, sinon (ce que vous savez mieux que moi) chez les historiens des pratiques religieuses de l'humanité. Je veux dire que, à mon sens, le XIIIe siècle et le commencement du XIVe avaient une vue

bien plus juste, plus rationnelle et plus scrip-
turaire, du sacrifice (et par suite aussi plus historique), que n'en ont eu les théologiens de
la seconde moitié du XVIe siècle, dont dérive
en droite ligne l'enseignement théologique de
nos jours. Et d'abord ceux-ci ont faussé le
sens de l'immolation et lui ont donné une
place exorbitante. L'immolation s'est présentée
à eux sous le jour d'une destruction due à
la divinité pour honorer son souverain domaine sur la vie et la mort. Pour un peu, ils
auraient voulu une annihilation. Nous devrions,
si c'était permis, nous anéantir nous-mêmes
pour honorer la source de l'être (curieuse
conception) ; ne le pouvant, ne pouvant pas
non plus anéantir quoi que ce soit à notre place,
nous détruirons du moins, ou mettrons hors
de service ce qui est à nous : les animaux,
nous les tuerons ; le vin ou l'huile, nous les
jetterons, etc. Ainsi sera accompli l'acte souverain du culte de latrie. Cette conception
me semble comme à vous radicalement fausse.
Elle part d'un supposé qui est au rebours de
la vérité : à savoir que la détérioration de
ce qui est puisse par elle-même honorer Celui
qui est la Bonté Parfaite. Alors que, au
contraire, comme saint Thomas le fait remarquer, ce qui est dû à la Bonté Parfaite,
c'est de se mouvoir vers elle par l'amour, pour
s'unir à elle dans la possession. C'est sur ce
fondement que s'établit la doctrine latreutique

du sacrifice : don sensible, destiné à extérioriser le don intérieur de soi ; selon la formule
d'Augustin : « *invisibilis sacrificii sacramentum
visibile* ».

Outre le besoin psychologique du sensible,
et l'obligation morale d'employer au culte
divin notre nature humaine tout entière,
physique aussi bien que spirituelle (les deux
causes que vous marquez vous-même), la
nécessité du rite extérieur se fonde aussi sur
le caractère social de l'homme, issu de la
société, formé par elle, et voué par sa nature
même à vivre en elle et pour elle : ce qui
implique une dette sociale envers la Divinité,
institutrice et législatrice de cet ordre
social, dont elle est la fin suprême. Or cette
dette collective de la communauté ne peut
s'acquitter que par un acte public.

Jusqu'ici, rien dans les raisons et les fins du
sacrifice qui implique une destruction. Il y a
donation, consécration à Dieu, affectation
en quelque sorte à son usage exclusif et pour
ainsi dire personnel, en un mot oblation, d'une
portion de nos biens, représentant le tout et
le possesseur lui-même (c'est ainsi que le monde
extérieur entre dans le champ visuel du sacrificateur : uniquement en tant qu'il est nôtre.
Nous le primons de toute la différence qu'il y
a entre l'esprit et la matière. Tous ces mondes
et ces espaces infinis ne sont rien, comme le
notait Pascal, au prix d'une de nos pensées.

C'est un simple cortège, et comme un reflet de nous-mêmes, ou l'ombre que nous projetons sur les règnes inférieurs). Le point de vue latreutique, qui est primordial dans la question du sacrifice, ne nous livrera rien de plus. Il n'implique, et ne peut par lui-même impliquer qu'une chose : le mouvement de la créature vers sa fin dernière, où elle trouvera sa dernière perfection. Pas de détérioration. Ce n'est pas la Bonté Divine qui pourrait en rendre raison, mais seulement. le péché.

Une fois le péché intervenu, la scène change. Il y a une dette, en justice commutative, envers la souveraine Bonté, virtuellement niée, virtuellement frustrée par conséquent de son droit non seulement à notre amour, mais à l'amour de tout le monde créé. Cette dette appelle une compensation. Il y a une dette aussi envers la justice vindicative, qui préside au maintien de cette loi suivant laquelle quiconque se détourne du Souverain Bien s'écarte du bonheur et encourt le malheur : le bonheur et le malheur n'étant respectivement que là possession ou la privation du souverain Bien, avec ce que l'une et l'autre implique et entraîne par elle-même de conséquences secondaires. Cette double dette devrait être acquittée par le pécheur : mais quant à la première, il est insolvable ; et la seconde par conséquent subsiste. Il est insolvable, parce que la somme

d'amour soustraite virtuellement à Dieu, dépasse celle qu'aucune créature peut lui offrir en compensation. Seul pourra compenser
Celui qui par droit de naissance possède en
sa nature humaine la charité « dans la
plénitude de sa perfection et dans la perfection
de sa plénitude ». Mais bien qu'insolvable,
ou plutôt parce qu'insolvable, le pécheur
offrira à Dieu un symbole de l'amour réparateur qu'il a conscience de ne pouvoir acquitter.
La forme la plus appropriée de ce symbole
sera celle qui fait intervenir au nombre de ses
éléments la mort. La mort est au point de
vue naturel le comble des maux. Or, l'amour
se montre surtout dans la victoire sur les
difficultés qu'il a à surmonter pour s'affirmer.
Il doit s'égaler à leur âpreté. D'où le rôle de
la souffrance et de la mort dans l'économie
de l'amour. D'où sa place aussi, sinon nécessaire, du moins fort convenable, dans le rite
qui a pour but de symboliser l'amour souverain
dû à Dieu en compensation du péché. C'est
pourquoi le don présenté à Dieu prendra
la forme d'un animal, dont l'immolation per-
mettra d'offrir le sang et comme qui dirait
la vie (puisqu'il y a équivalence entre ces
deux termes) sur l'autel. L'autel, étant le siège
de la divinité, sera réputé recevoir pour son
compte le tribut du pécheur ; et de même,
en tant que table du festin divin, il portera
le repas destiné au Très Haut, le pain de Dieu,

la coupe de Dieu, l'agneau de Dieu : quitte en signe de paix, à admettre les hommes au partage du mets sacré, comme commensaux de Celui que le sacrifice est censé avoir apaisé.

Telle est la place de l'immolation : elle est préliminaire à l'offrande, qui consiste dans l'affusion du sang soit au sommet soit au pied de l'autel.

Ici on peut remarquer, par parenthèse, que les libations de vin ou d'huile n'ont jamais eu pour objet de mettre hors d'usage ces substances, comme par l'effet de je ne sais quelle destruction équivalente, mais de les attribuer et de les appliquer soit à la pierre sacrée, soit au foyer, soit à tout autre substitut qualifié de la divinité. Au surplus, même dans le sacrifice de vie animale, détruire n'est pas pour détruire, mais pour offrir la vie, c'est-à-dire le sang, et préparer le festin. A la base, il reste le don. Et cela est si vrai, que le sacrificateur n'est nullement (en soi) celui qui immole, mais celui qui offre, qui donne : d'une manière médiate, le fidèle, qui a amené sa brebis ou son bœuf ; d'une manière immédiate, le prêtre, qui fait la libation du sang. Le lévite, ou tout autre, qui ne fait que tuer, reste en dehors du cercle des sacrificateurs, comme y furent certes étrangers les bourreaux du Christ ; tandis que lui, le souverain Prêtre fit son offrande sacerdotale, rituelle, l'offrande de sa passion et de sa mort, l'offrande de son corps voué aux tourments, de son sang prêt à couler, lorsque, au Cénacle, sur l'autel de sa très sainte humanité, seul vrai siège de la divinité et seul capable de sanctifier les dons de notre humaine indigence, mais à plus forte raison ceux du Fils de l'homme, il répandit sacramentellement le sang de ses plaies, le sang du Calvaire, le sang qui devait l'inonder sur la croix par une conséquence du geste de la cène.

Il est à peine besoin de faire remarquer que la souffrance et la mort, si aptes à figurer comme élément réparateur au regard de la justice commutative, ne le sont pas moins à satisfaire aux exigences de la justice vindicative. Et c'est ainsi que propitiation et satisfaction se trouvent d'ordinaire accouplées dans l'objectif du sacrifice ; et qu'un sacrifice idéal, parfait, adéquat, saura et neutraliser la coulpe et acquitter la peine du péché. Tout comme de son côté la latrie contient toujours et l'eucharistie et l'impétration, puisqu'elle envisage le souverain Bien non seulement comme le terme de notre mouvement, mais encore comme l'origine de tous les biens qui nous y acheminent, soit de ceux que nous avons déjà reçus, soit de ceux que nous espérons encore.

Quant au sacrifice du Christ, il me semble important d'écarter, comme l'ont fait généralement les saints Pères et nos grands docteurs, toute idée d'une prescription particulière et rigoureuse, d'une réquisition formelle de la part de Dieu. Selon la formule admirablement traditionnelle de saint Bernard, « Deus filii sanguinem non requisivit, sed acceptavit oblatum ». Dieu n'a pas exigé le sang de son Fils ; il en a accepté l'offraude. Il est vrai que le Christ est venu en ce monde, comme homme, avec cette intention et en vue de cet ouvrage. Mais la libre intention de son cœur, même originelle et constante, ne constitue pas une obligation, non plus que les prédéfinitions divines, bien connues de son intelligence. Le Christ s'est offert, parce qu'il l'a voulu, librement voulu, de sa volonté humaine, sans aucun précepte positif de son Père, précepte qui eût été déraisonnable, dit saint Grégoire de Nazianze, impossible dit saint Anselme ; en tout cas, difficilement concevable au regard de la justice et de la sagesse de Dieu.

Il s'est offert, parce que, prêtre-né de l'humanité, dans l'union de ses deux natures qui faisaient de lui le représentant des hommes près de Dieu, comme aussi le représentant de Dieu près des hommes, il a voulu d'un libre choix, sans y être astreint par aucune loi ni par aucun ordre, offrir enfin à Dieu le sacrifice qui seul serait adéquatement réparateur, et vers lequel en vain aspirait l'humanité depuis des siècles à travers tous ces sacrifices impuissants et décevants qu'elle entassait les uns sur les autres, comme autant d'aveux de son insuffisance et d'adjurations à celui qui viendrait un jour y mettre un terme.

Ainsi l'on peut dire que jusqu'à la Cène il a été libre ; mais après c'est différent. Une fois lié par son engagement irrévocable, il ne pouvait plus sans profanation soustraire à l'immolation la victime qu'il y avait dévouée. Il était tenu dès lors, non par un précepte positif, mais par cette loi de justice qui veut que soit rendu à Dieu ce qui est voué à Dieu. Loi de justice, et de justice religieuse, qui a permis à saint Anselme d'écrire que le Christ n'est pas mort, pour obtempérer à un précepte particulier, comme serait celui de s'offrir en sacrifice, mais pour obéir à une règle générale du droit naturel. jusqu'à la mort. Donné, il ne peut plus se reprendre : et c'est de là que vient le drame du Jardin des Olives. « Si ce calice ne peut plus passer de moi sans que je le boive... » Il ne le pouvait plus, pour avoir été bu déjà à la Cène. Avant la Cène, il aurait pu passer, si le Christ l'eût voulu, dont toute prière, comme il le dit lui-même, était sûre d'être exaucée du Père. Mais il ne peut plus le vouloir ; il n'en a pas le droit,

Et il y a ceci de particulier, que nos docteurs ont fait remarquer : c'est que dans le sacrifice du Christ, le signe, le signe réel,

qui est le don extérieur, recouvre exactement
la chose signifiée, qui est le don intérieur et
l'invisible consécration que fait de sa personne celui qui sacrifie. Sacrifice plein de vérité, en même temps que d'efficacité. Sacrifice
parfait en tous points. Sacrifice eucharistique de par le pain et le vin, qui lui prêtent leurs apparences ; sacrifice propitiatoire
de par le sang et la chair immolée qui en forment la réalité tragique. Sacrifice qui a porté
au maximum les difficultés contre lesquelles
eut à se dresser l'amour pour vaincre et per-
sévérer jusqu'à la fin. Sacrifice qui sans être
en aucune façon une peine infligée de Dieu à
l'innocent pour le coupable, n'en solde pas
moins, d'une façon beaucoup plus haute,
toutes les peines encourues par nos fautes,
aussi bien qu'il en oblitère la coulpe. Tout ce
que nous avons à faire pour en profiter, c'est
de nous l'approprier, en toute sincérité, sans
faire mentir par nos dispositions intérieures
le signe que nous pratiquons. Et c'est à quoi
s'emploie l'Église depuis les premiers jours de
son institution dans l'Esprit-Saint jusqu'à
ce que revienne Celui qui a commis entre
ses mains le prix de la rédemption. Nous
continuons à offrir dans la messe la passion
et la mort du Seigneur, devenu pour tout
jamais de par sa résurrection et son ascension
une hostie non pas seulement offerte par le
Souverain Prêtre ici-bas, mais ratifiée, accep-

tée et agréee par Dieu, inscrite au livre éternel
de vie comme le prix impérissable et l'indéfectible rançon de nos fautes, dont la dette,
elle-même éternelle, devait courir à travers
tous les siècles, mais se trouve éteinte pour
tous les siècles. Ainsi, nous emparant du
prix de la rédemption, pour l'acquitter nous
mêmes entre les mains de Dieu, nous ne laissons
pas assurément que d'être rachetés par Jésus-
Christ, mais nous avons l'insigne honneur
de coopérer (d'une manière subordonnée) à
notre rachat, non pas en fournissant la somme
de charité réparatrice, une fois pour toutes
accumulée par notre Sauveur, mais en nous
associant au geste par lequel lui-même, au
soir de la Cène, une fois pour toutes, en a présenté le montant à son Père. Et nous avons
aussi l'avantage d'offrir à Dieu un sacrifice
dont la victime est agréée d'avance et déjà
acquise à Dieu ; il ne reste qu'à faire agréer
notre propre intervention oblatrice : et c'est
à quoi pourvoit l'Esprit-Saint, qui est dans
l'Église pour en assurer la sainteté, non pas
sans doute invariable, mais à coup sûr indéfectible. Épouse toujours fidèle du Christ,
complément de son humanité, corps indissolublement un avec l'Époux qui est dans
la gloire, elle est sûre, en exerçant par l'organe
de ses prêtres le pouvoir consécrateur, d'accomplir d'une manière valable et agréable
à Dieu le rite oblateur par lequel est engagée

pour le salut du monde l'hostie éternelle.

Il y a lieu de remarquer ici que l'irrévocabilité du don, non plus que sa totalité, ne sont pas, comme vous paraissez le croire, ce que la mort est chargée en propre d'exprimer. Ces deux attributs de notre consécration intérieure (totalité, irrévocabilité) trouveraient leur expression adéquate dans le sacrifice purement latreutique et eucharistique, selon le style de Melchisédech. En dehors de l'hypothèse du péché, ils ne seraient pas susceptibles d'une autre traduction. Le péché seul fait intervenir la mort, non pas assurément pour donner à penser que Dieu se plaise à la mort, non pas même à la mort du pécheur ; mais pour attester que le pécheur a encouru la mort, « morte morieris », qu'il s'y est voué lui-même en désertant la Vie ; qu'elle est la juste peine qu'il mérite, le salaire qu'il a gagné : mort éternelle, et mort temporelle qui l'inaugure, toutes deux faisant corps avec le péché. Que si le pécheur, sous la loi de nature, ou sous la loi mosaïque, se plaît à symboliser ceci sous le regard de Dieu, ce n'est pas évidemment pour se faire l'exécuteur des œuvres de la justice divine, mais c'est pour en écarter les coups par l'humble aveu de son démérite, par l'effort intérieur de pénitence qui se manifeste au dehors, par l'appel à la miséricorde pour obtenir d'elle que soit apaisée et désarmée la justice ; enfin, et surtout, (parce que l'instinct de justice est indéracinable dans le cœur de l'homme, même vis-à-vis de Dieu, et que dans l'élite de l'humanité, la révélation l'a affermi et consacré), c'est pour annoncer et faire valoir par avance la Victime parfaite du souverain Prêtre, qui, elle, effacera pleinement, par la hauteur de sa charité proportionnée aux rigueurs de la mort et de la souffrance la plus haute, l'attentat commis par nous contre la charité divine.

La force symbolique qui se déploie ici n'a pas pour but évidemment d'informer Dieu, qui voit dans le cœur. Mais elle répond à une nécessité psychologique, à une obligation morale, et aux exigences de notre condition sociale. En ce sens, elle peut être dite « n'avoir de valeur que pour nous », hommes ; non pas toutefois pour moi seulement, homme individuel, mais pour toute la communauté dont je fais partie : ce qui se vérifie particulièrement dans le sacrifice eucharistique, qui est, de par son institution et son essence, sacrifice de toute l'Église, et, pour cette raison, toujours et partout, quelles qu'en soient les circonstances extérieures, sacrifice public, protestation publique, louange publique, et publique amende honorable.

Enfin, pour ce qui est de la Loi, il est vrai, comme vous le faites remarquer, qu'elle a dans une grande mesure modéré et discipliné l'appétit intempérant et tumultueux des Sémites pour le sacrifice. Et cela est encore bien plus vrai des Prophètes. Il fallait maintenir le principe de la relativité, et de la double relativité, inhérente et de par la nature et de par la révélation à tout sacrifice approuvé de Dieu : relativité du signe extérieur à la réalité intérieure, et relativité du sacrifice présent au sacrifice à venir, dont il était la figure et l'annonce, et auquel il empruntait tout ce qu'il pouvait avoir devant Dieu de valeur intérimaire. Il fallait aussi, et absolument, et à causes des erreurs contraires des peuples de l'Egypte et de la Chaldée, etc., écarter toute idée d'une utilité quelconque des sacrifices quant à Dieu lui-même. Dieu entendait qu'ils comprissent bien que lui n'avait rien à y gagner, comme il n'avait rien à perdre à la suppression de leur culte ; mais que tout le profit, toute la raison d'être était de leur côté. Il ne voulait pas être dans l'imagination populaire le bénéficiaire des sacrifices, quelque chose comme une divinité entretenue.

Pour terminer, j'ajoute seulement un mot sur la confusion qui se glisse entre le mérite des œuvres quelconques du Christ et l'efficacité propitiatoire de son sacrifice proprement dit. Il n'y a de sacrifice proprement dit que là où il y a don extérieur, destiné à symboliser le don intérieur. Les actes ordinaires du Christ ne vérifiaient pas cette condition. Une seule fois avant de souffrir il posa un acte impliquant directement et proprement la donation de son corps et de son sang à Dieu en victime ; et ce fut à la Cène, par la consécration sous les doubles espèces, mettant son corps et son sang, quant aux apparences, dans l'état où allait les mettre en réalité la croix, à laquelle il les destinait sur place, pour la rémission des péchés du monde, « pro vobis et pro multis, in remissionem peccatorum ». Aucun autre acte du Christ dans le cours antérieur de sa vie n'avait eu ce caractère d'oblation sensible, pragmatique, rituelle ; pas plus qu'on ne trouve d'immolation proprement dite (c'est-à-dire effective) ailleurs que dans la passion. La force propitiatoire du sacrifice ne s'est donc jamais exercée avant la Cène et la Passion du Seigneur. Et par conséquent, ce n'est pas par l'effet d'un arrangement artificiel et arbitraire, mais comme par le cours naturel des choses, que nous ne fûmes rachetés que dans cette heure dernière de la vie du Sauveur. Il n'y avait rien eu de strictement et formellement rédempteur avant. Le sacrifice tout entier est compris entre ces deux limites extrêmes du Cénacle et du Calvaire.

LETTRE A UN MISSIONNAIRE

SUR L'OBLATION UNIQUE DU CHRIST
ET L'OBLATION
DE TOUTES NOS MESSES PAR LE CHRIST

———

Je me rends bien compte de l'étonnement, et presque du scandale qu'ont dû provoquer en votre esprit certaines remarques sur le mode d'intervention de Notre-Seigneur dans l'oblation de notre sacrifice. Il est probable que cela m'aurait scandalisé moi-même, il y a vingt-cinq ans : l'accord semblait si massif dans le sens d'une répétition indéfinie des actes oblateurs du Christ. Mais l'accord des cursistes d'aujourd'hui entre eux ne suffit pas ; plus important est l'accord du présent avec le passé : et celui-là de quel côté est-il ? De plus, il faut l'accord de la doctrine avec l'Écriture ; et dans quel sens parle l'Écriture ? Enfin, il faut l'accord des diverses parties de la doctrine entre elles : où est la cohérence[1] ? Il faut, comme vous l'avez si bien noté, que la

1. M. F., *Elucid.*, XIV, XVII, XXIII.

messe soit un sacrifice subordonné, et non coordonné à la Croix ; et, s'il y a intervention personnelle, réitérée, du Seigneur en qualité d'oblateur, d'oblateur actuel et formel, d'oblateur qui répète son geste d'oblation indéfiniment, comment échapper à cette conclusion que le sacrifice de nos autels est coordonné, et non pas subordonné à celui de la rédemption ? Car, enfin, le Christ n'est pas au-dessous du Christ, ni ce qu'il ferait aujourd'hui moins digne que ce qu'il fit alors. Et comment alors défendre notre théologie contre les hérétiques, qui nous accusent d'avoir méconnu le principe même de la doctrine professée dans l'*Epître aux Hébreux*, comme aussi bien les prérogatives, qui, même si elles n'étaient pas révélées explicitement, seraient pourtant évidentes, d'un sacerdoce si parfait qu'il n'a pas à s'y reprendre à deux fois pour assurer à tout jamais, pour assurer d'une manière totale, exclusive de toute addition, les fruits que s'était proposés son activité médiatrice : tellement qu'il n'y a plus qu'à nous laisser prendre notre part de ce geste unique, pour incorporer notre offrande à celle qui nous a sauvés, et qui suffit, mais que nous avons à nous approprier et à faire nôtre ; ce que nous ne ferons pas sans lui, bien entendu ; ce que même nous ne faisons qu'en dépendance et en vertu de l'acte oblateur qui préside aux nôtres, qui les domine et les contient, les

pénètre et les emplit, leur donnant l'efficace
et ce qu'ils ont d'unité à travers le temps
et l'espace ? Ne nous étonnons donc pas qu'aux
traditionnalistes du XVIe siècle, dont l'âpre
langage vous a, paraît-il, chagriné, l'opinion
nouvelle, assurément ignorée de saint Thomas
aussi bien que de Scot, étrangère à toute la
tradition scolastique (comme le faisait remarquer plus tard Vasquez) aussi bien qu'à
la tradition patristique, cette opinion qui
multiplie les offrandes personnelles du Christ
de messe en messe, ait à peine paru tolérable :
au point d'être taxée durement. Elle n'avait
pas alors pour elle le volume d'autorité que
lui a valu par la suite le patronage de plusieurs grands docteurs. Il est clair qu'aujour-
d'hui, si on a le droit de la combattre, on n'a
point celui de la censurer, aussi longtemps
du moins, que le magistère ecclésiastique
s'abstient de prendre parti.

Mais, à rejeter cette doctrine nouvelle,
court-on le risque que vous redoutez : celui
d'être obligé de renoncer à une foule de
locutions et de prières où le Christ est mis en
cause comme sacrifiant et comme suppliant ?

Évidemment non. Le Christ EST sacrifiant,
il est sacrifiant en nous et par nous, qui
sommes à lui, qui sommes quelque chose de
lui, qui n'agissons dans l'espèce qu'en dépendance de son pouvoir sacerdotal, « in ejus
sacerdotio », comme dit S. Paschase. Il sacrifie

à nouveau par nous, en ce sens que notre sacrificature, qui s'exerce indéfiniment, n'est rien qu'une participation de la sienne, laquelle fait toute la force de la nôtre à tous les moments de son exercice. Mais ce qu'on veut dire, c'est qu'il ne sacrifie pas par une nouvelle démarche personnelle et propre d'offrande procédant de lui à son Père. Il n'en a plus besoin; il n'en est plus capable. Or, rien, mais rien absolument n'indique ni n'insinue qu'il faille prendre dans ce sens personnaliste et immédiat les innombrables locutions liturgiques de l'Église sur le Christ oblateur de nos sacrifices et sacrificateur par nos mains. Très certainement, les Pères ne les ont pas entendues ainsi ; ce qui ne les a pas empêchés et d'employer pour leur usage personnel et d'utiliser dans leurs catéchismes ces locutions irréprochables, ces locutions pleines de vérité, mais sans les fausser par une outrance de pensée qui leur ôterait toute justesse. Et ce qui vaut des formules liturgiques, vaut aussi des expressions données à leur piété privée par de saints personnages comme M. Olier. Il n'y a qu'à les garder en les entendant bien. Peut-être pourrait-on prouver que personnellement M. Olier était porté à les entendre dans un sens plus accentué. C'est possible ; mais certainement M. Olier avait l'intention prédominante de les entendre et de les proférer dans le sens le plus catholique dont elles fussent susceptibles. Et ainsi, dans le fond, même si notre traduction ne se rencontre pas littéralement avec la sienne, néanmoins elles n'en font qu'une, quant au contenu spirituel, qui seul importe. Voilà pour le sacrifice.

On peut en dire autant de la prière, de la supplication, de l'impétration adressée à la miséricorde. En nous et par nous, Jésus-Christ prie. De plus au ciel même, et en sa propre personne individuelle, il reste la grande prière pragmatique, mais exaucée depuis des siècles et une fois pour toutes, comme il reste aussi l'éternel sacrifice, mais consommé, l'éternelle hostie, mais agréée, saisie et possédée par Dieu. Et tout cela dans le langage courant s'énoncera en termes de prière, de supplication, d'impétration ; et à bon droit : puisque tout cela est une forme et un mode d'intercession, de médiation : la médiation et l'intercession de la victime couchée sur son autel ; non sur un autel de la terre, où Dieu aurait encore à venir la prendre, mais sur l'autel glorieux, où il la garde. Aussi est-ce une intercession, qui n'est plus en mouvement ; une médiation, qui n'a plus à rapprocher les extrêmes, mais les tient unis et conjoints : de sorte que la seule activité qui lui reste, est de faire circuler la vie des sommets divins aux régions inférieures de notre humanité déchue, et du Père à tous ses fils.

Dans un sens analogue on a raison de dire aussi que le Christ au ciel adore et rend ses devoirs à son Père : il est la grande adoration vécue, étant le sacrifice. Mais parce qu'il est un sacrifice au terme, il faut entendre qu'il est l'adoration non plus comme un hommage de dépendance, mais comme le fruit des hommages passés, dans la jouissance présente de l'indépendance et de la majesté paternelle ; non plus comme un mouvement de retour vers le souverain Bien, mais comme le repos dans le souverain Bien ; non plus comme une consécration en son devenir, mais en son état final, qui est l'appartenance à Dieu, l'union à Dieu, et, dans son cas à lui, non pas une union quelconque de l'humaine nature, mais l'union hypostatique achevée dans tous ses développements, dans tous les prolongements accessoires de cette unité substantielle qui date de l'incarnation, mais qui n'avait pas dès l'incarnation exercé toute son efficacité connaturelle à travers les facultés inférieures de l'âme et à travers les fibres de son vêtement de chair[1]. Mais cette pléni-

---

1. Objectera-t-on (J. GRIMAL, *Le Sacerdoce et le Sacrifice de Notre-Seigneur Jésus-Christ*, 3e éd., 1923, p. 192), qu'il est essentiel à la créature d'adorer ? Alors une distinction s'impose : essentiel à toute personne créée, oui ; à toute nature créée, non. Qu'on veuille bien se rappeler que l'adorateur n'est pas la nature, mais la personne. La personne du Verbe put

tude qui est dans le Christ, n'est pas encore répandue, tant s'en faut, parmi tous les membres de ce corps complémentaire qu'il s'est associé dans l'union spirituelle de nos personnes à la sienne. Aussi la consécration, qui est parfaite, en lui, a-t-elle lieu de se faire encore en nous, et de se parfaire. Et de ce chef, le Christ est encore en état d'adorer par nous, comme il est en état d'offrir et de sacrifier par nous, qui ne faisons qu'un en cela avec lui, puisque, encore un coup, nous n'offrons, nous ne sacrifions, et donc nous n'adorons dans la perfection que conjointement avec lui, qui est notre chef, le chef du

jadis adorer en raison de sa nature créée, parce que dans cette nature créée elle n'était pas encore en possession de la gloire propre et héréditaire du Fils unique de Dieu. Bien que le Christ fût aussi bien personne divine alors qu'il l'est aujourd'hui, néanmoins il n'était pas en état et condition de personne divine, mais de personne humaine *(formam servi accipiens, in similitudinem hominum factus, et habitu inventus ut homo)* : à ce titre il lui convenait de se comporter en personne humaine, en serviteur, et par conséquent aussi en adorateur. Mais maintenant les temps sont changés ; l'annihilation est passée, et ce qui subsiste, c'est la gloire du Fils Unique assis à la droite de son Père. Il est en pleine possession de ce qui lui revient par droit de naissance ; et la gloire dont il jouit dans son humanité même est la gloire d'un Dieu. Comme il n'existe dans cette nature d'emprunt que par la communication qu'il lui fait de son être incréé, ainsi de cette communication substantielle résulte une gloire

culte, le chef du sacerdoce, le chef de la religion, le chef de toute cette grande entreprise qu'est la marche de nos âmes et le retour de la création vers Dieu. En l'Église et par l'Église, Jésus adore. Sur terre il adorera aussi longtemps que nous tiendrons en nos mains la divine hostie, expression de son adoration intérieure d'hier, et de l'adoration présente des fidèles qui s'unissent aujourd'hui à lui dans le geste d'offrande sacerdotale, par où lui-même se dédia ; et au ciel même il adorera à perpétuité dans l'universalité de ses saints.

De même, il apaise la justice du Père : non plus comme si elle n'était pas encore

qui n'est celle d'aucune pure créature, ni actuelle, ni possible, mais seulement celle d'un Dieu ; et maintenant qu'elle a tout rempli, elle ne laisse plus de place dans le Christ à la CONDITION ni à l'ATTITUDE d'un SERVITEUR, ni donc d'un ADORATEUR. « *Factus servus, non remansit servus* » (CHRYSOSTOME, M. F., 144).

Au contraire, la gloire des saints, parce qu'elle n'est pas la gloire propre, et exclusivement propre, d'une nature unie en communauté d'être à une personne divine, mais qu'au contraire, elle reste infiniment au dessous, à une distance incommensurable, s'agît-il du plus grand des saints, s'agît-il de la bienheureuse Vierge Marie elle-même, et qu'ainsi elle décore des sujets, des serviteurs, si exaltés qu'ils soient par la munificence divine, par l'adoption divine, voire par une maternité divine, mais sans que puisse s'abolir leur qualité native de serviteurs et de sujets : une telle gloire laisse place et à l'attitude et à la condition d'un inférieur, donc à l'adoration.

apaisée. Mais il reste ce qui a été soldé, ce qui a été déboursé (dirait saint Augustin) en dédommagement de nos offenses. Et de cette rançon il nous est permis de nous saisir pour l'acquitter de nos mains, et nous rendre corédempteurs : puisque aussi bien nous ne bénéficierons du rachat de notre Maître qu'en nous l'appropriant, qu'en l'endossant, qu'en souscrivant à cette transaction par laquelle nos torts ont été réparés et nos dettes éteintes. Et quand à cet effet nous offrons la coupe du sang, les membres de l'Agneau dans leur appareil de mort, alors c'est encore le Christ qui vient acquitter en nous et par nous la dette que, en sa propre personne, il a déjà éteinte une fois pour toutes ; c'est le Christ qui répare, mais dans le corps mystique de l'Église militante, dont toute la vie vient de lui et se récapitule en lui.

Pareillement le Christ publie en sa propre personne la bonté et la magnificence de cette Trinité sainte qui a comblé, couronné d'honneur et de gloire la nature humaine dans laquelle il est né de Marie. Mais cette reconnaissance, dans l'état où il est aujourd'hui, est celle de la Justice encore plus que de la Miséricorde. Vis-à-vis de LUI, il n'y a jamais eu miséricorde ou gratuité ; vis-à-vis de sa nature humaine, il y a eu cette miséricorde de la faire sienne. Une fois assumée autant dire une fois créée, il y a encore eu, de par une dispensation providentielle dérogeant pour un temps dans l'intérêt de l'œuvre rédemptrice à quelques-unes des prérogatives normalement conséquentes, mais non point cependant essentielles à l'incarnation, il y a encore eu place pour un surcroît de dons, pour un état nouveau de gloire et de béatitude, auquel en dehors du titre de la naissance (provisoirement inopérant) ne donnait droit jusqu'à la tombe aucun titre d'acquisition onéreuse, proprement contractuelle. Mais postérieurement au sacrifice consommé par la résurrection et l'ascension, il n'y a plus place, à l'égard du Christ, pour aucune libéralité proprement dite : tout lui est dû, à tous les titres ; et c'est pourquoi sa reconnaissance d'aujourd'hui pour les biens qu'il possède est un témoignage rendu à la Justice plus qu'à la Miséricorde. Pour le passé, assurément sa reconnaissance envers la libéralité divine subsiste tout entière ; mais elle n'a plus à s'attester par de nouveaux gages, ni à se préoccuper de faire agréer les anciens, qui restent, éternels « eucharistères » (comme disaient les Grecs) de notre Prêtre selon l'ordre de Melchisédech, toujours également précieux devant les yeux de Dieu. *Le merci* du Christ est dit pour toujours, et pour toujours retentit à l'oreille de Celui à qui fut présenté le pain et la coupe. Il n'a pas à se répéter, du moins en la personne individuelle de notre Sauveur. Mais où l'écho peut le multiplier sans fin, c'est dans ce corps mystique où sa personnalité plonge jusqu'à épouser l'indigence, l'indignité, et l'infirmité de notre nature créée, pécheresse et voyageuse ; dans ce corps dont le chef rayonne de la gloire incréée, tandis que les pieds se traînent à travers les âpretés de ce monde, jusqu'au seuil de la patrie. A nous, aidés d'en haut, pardonnés d'en haut, consolés d'en haut, il appartient de présenter à notre Bienfaiteur divin l'eucharistère qui égala un jour la reconnaissance de la terre aux libéralités du ciel. Et quand par nos mains, par nos lèvres, par le mouvement de notre cœur, il vient à être présenté de nouveau dans le rite de l'immolation non sanglante, souvenons-nous qu'en tout ceci nous sommes mus et agités par la force qui vient du Christ, qui est au Christ, qui est celle de son sacerdoce ; et ne nous étonnons pas qu'en nous et par nous le Christ encore et remercie, et offre le don de l'eucharistie. Nous complétons ainsi en nous-mêmes ce qui manquait encore, si l'on osait ainsi dire, à son Eucharistie, comme aussi bien saint Paul le dit de sa Passion, toute suffisante assurément qu'elle est, et close sans devoir jamais se rouvrir. Et le Christ prend pour sien ce qui est de nous ; et cela d'autant plus justement, que ce ne serait jamais à nous, si ce n'était de lui. Pour écouler en nous sa vertu eucharistique, et pour rattacher à lui notre « Action de Grâces », outre l'esprit de sainteté répandu dans toute l'Église, n'a-t-il pas mis dans nos âmes le caractère sacerdotal, qui nous communique sa puissance, et dans l'âme de ses fidèles le caractère baptismal, qui les habilite à faire passer leurs vœux par notre ministère, tout dépendant de sa primauté ? Ainsi il n'y a qu'un Prêtre, qui officie dans tout le corps de l'Église : et c'est celui dont nous prolongeons à travers tous les temps l'acte sacerdotal, parfaitement unique et définitif, simple et néanmoins illimité dans sa portée et son étendue, ambassade solennelle, répercutée mille fois par les parois de tous nos temples et par la foi de toute l'Église.

LETTRE A UN THÉOLOGIEN

SUR

L'ANGE DU SACRIFICE

ET LE

SACRIFICE CÉLESTE

————

Dans votre appréciation[1], si extrêmement bienveillante, d'un ouvrage qui déjà vous devait beaucoup, vous soulevez deux questions intéressantes, et qui méritent d'être reprises : l'une relative au sacrifice céleste ; l'autre relative à l'Ange dont il est question dans la prière du Canon : « Jube haec perferri per manus sancti Angeli tui ».

Sur cette seconde question, vous faites valoir, contre l'identification de l'Ange avec le Verbe, la parité avec d'autres sacrements,

1. *Recherches de Science Religieuse*, 1922, *Bulletin de Théologie Historique* par le R. P. d'ALÈS, auquel je tiens à rendre cet hommage, que sa recension est de celles qui à la plus extrême bienveillance ont joint le plus de saine, intelligente et savante critique. Aussi bien n'a-t-on plaisir à répondre qu'aux Maîtres.

où certainement il s'agit d'esprits angéliques. Et qu'il s'agisse ici aussi d'esprits angéliques, cela est bien indiscutable, soit en raison du *De Sacramentis*, qui les met au pluriel, comme d'ailleurs le *Commentaire* de saint Ambroise *sur saint Luc*, et les *Dialogues* de saint Grégoire, ou en Orient le traité de Chrysostome *Sur le Sacerdoce* (M F 281 et 449), soit surtout en raison de la teneur expresse d'une prière parallèle dans la *Liturgie* grecque *de saint Marc* (*ibid.* et 274). Aussi la question ne peut-elle même pas se poser d'un choix à faire entre le Christ et les anges. Il est impossible d'éliminer les anges : ils ont là leur place authentique. Et par conséquent toute interprétation qui serait exclusive des anges au profit du Christ serait vouée d'avance à l'insuccès (M F 448 *sqq.*). Et c'est bien (sauf erreur) la seule chose que puissent prouver, ou prétendre à prouver, les autorités que vous alléguez en faveur d'un ange du Baptême ou d'un ange de la Pénitence. Les anciens ont préposé à ces deux sacrements des esprits célestes : pourquoi n'en auraient-ils pas fait de même pour l'Eucharistie ? Soit ; sous le nom d' « Ange » du sacrifice, ils ont songé à des légions angéliques ; mais sera-ce nécessairement à l'exclusion du Premier-Né des anges (des « fils de Dieu », Job. 6, 21), du Prince de tous les envoyés célestes ? Sera-ce à l'exclusion du Verbe, si souvent, d'après les saints

Pères, non seulement anténicéens, mais aussi postérieurs (cf. PETAU, *Trin.* 8, 2, 5-9, et VACANT, art. *Anges, Dict. de la B.*), indiscernable des ministres angéliques dans les anciennes théophanies, toujours étroitement lié avec eux dans les annonces néotestamentaires de la théophanie à venir ? du Verbe, lui-même qualifié d'Ange par les Prophètes, et cela en relation avec l'Ancien Temple, dont il a pris la succession ; qualifié d'Ange du Testament, c'est-à-dire du Nouveau Testament dont le sang qui coule dans le calice est le sceau et le sacrement ; du Verbe incarné, que dans la plus ancienne de toutes les Liturgies nous voyons de but en blanc intervenir en qualité d'Ange dès la première phrase de la prière eucharistique (M F 447) ? Sera-ce donc à l'exclusion du Christ, alors que pourtant, si c'est (comme on n'en peut guère douter) la transsubstantiation, qui est demandée sous le nom métaphorique de translation, il est clair qu'aucun ministre purement angélique ne pourrait suffire à l'effectuer ? Elle requiert une main plus puissante ; mais elle comporte toutefois l'assistance des esprits célestes, comme escorte d'honneur du grand roi, comme compagnons-nés de sa gloire, comme préparateurs providentiels de son règne, comme témoins hier et soutiens de son agonie victorieuse, puis hérauts et ouvriers de son acsension triomphale, comme associés aujourd'hui de cette théophanie de l'autel, qui perpétue pour nous celles du passé et prépare celle de l'éternité. Elle comporte encore leur assistance comme un secours pour ce chétif prêtre de la communauté ecclésiastique, qui devrait trembler d'offrir le sacrifice, qui ne le peut faire avec assez de pureté, et ne saurait trop s'assurer tous les concours pour majorer (en ce qui le concerne personnellement) la valeur de l'action obla-trice, et par conséquent la plénitude de cette acceptation corrélative, laquelle s'iden-tifie en fait avec la transsubstantiation. C'est pourquoi tout le haut moyen âge a reconnu dans cet Ange, non pas Jésus-Christ seul, mais Jésus-Christ à la tête des anges, ses fami-liers et presque ses pairs, comme d'avance les représentait Justin (dont la naïveté pour-rait bien être autre chose qu'une naïveté), et comme plus tard devait le redire le seul grand thoélogien du quizième siècle, Thomas Walden.

Au surplus, n'y a-t-il pas chance pour que le meilleur interprète de la Liturgie soit la Liturgie elle-même ? Et ne lisons-nous pas dans le *Liber Ordinum*, ce qui n'a peut-être pas suffisamment retenu votre attention : « Ille ad te sacrificia perferat, qui nos jussit offerre » (M F 277) ? Il ne vous semble pas convenable que Jésus-Christ porte nos sacrifices vers Dieu ? Toutes les liturgies, dites-vous, le font descendre et non monter ? En voici une qui est pourtant bien expresse dans le sens ascensionnel. Vous objectez encore qu'à ses trois fonctions de Prêtre, de Victime et d'Autel le Christ serait donc obligé d'en ajouter encore une quatrième : ce qui fait décidément une surcharge tout à fait troublante. Mais les médiévaux vous ont répondu, en remarquant que le ministère prêté à ce divin Envoyé sous le nom de translation, n'étant que la transsubstantiation, rentre dans les attributions du Prêtre (M F 278-279). Il n'y a pas surcharge, il y a énoncé du rôle sacerdotal de Jésus-Christ, quant à l'élément qui en subsiste, non pas seulement virtuel, mais actuel, c'est-à-dire non pas l'offrande comme telle, mais la transsubstantiation comme telle. Quoi d'étonnant que ce nom d'Ange ait plu aux premiers siècles chrétiens pour désigner la fonction sacerdotale de Notre Sauveur ? Ange qui descend, ange qui remonte ; messager de Dieu, interprète des hommes : ange médiateur. Le prêtre est ce médiateur, tantôt tourné vers Dieu de la part des hommes, tantôt tourné vers les hommes de la part de Dieu : « car il est l'ange du Dieu des armées », dit le prophète Malachie (« angelus... quia Dei et hominum sequester » HIERON., in h. l.) ; et par conséquent le Christ, le souverain prêtre, est comme tel l'Ange de Dieu par excellence :

le « *Médiateur* du Nouveau Testament », dira saint Paul ; « l'*Ange* du Testament », disait Malachie, du même Testament dont nous parle saint Paul, de ce Testament Nouveau, qui, aux termes de la prophétie, réparerait les ruines de l'ancien, en substituant à la maison de Lévi un sacerdoce plus saint et plus auguste, aux sacrifices d'Aaron un sacrifice pur et sans tache. Ce qui n'empêche le Prophète de l'appeler Seigneur dans le même verset où il le qualifie d'Ange. Ange en même temps que Seigneur, observe saint Augustin, *idem Angelus, idem Dominus* (*Serm.* 7, 3). Ange, sans laisser que d'être Seigneur même des anges, *sic Angelus, ut etiam Dominus angelorum* (*In Joan.*, tract. 24, n. 7). Ange par le ministère qu'il a exercé dans la chair ; Seigneur en tant que créateur de l'univers, sans en excepter les anges (*Serm.* 256, n. 3).

L'un, par nature ; l'autre, par dispensation. « Car, remarque à son tour le Ps. Denys, Jésus lui-même, pour le bienfait de notre salut, s'est inséré dans l'ordre des interprètes célestes : aussi s'appelle-t-il l'Ange du grand conseil ; car, comme il le dit lui-même à sa manière d'ange, ce que j'ai entendu de mon Père, je vous l'ai évangélisé » (*Hiérarchie Céleste*, 4, 4). Et faut-il rappeler la Liturgie du 8e livre des *Constitutions Apostoliques*, où il est rendu grâces à Dieu de ce qu'il a créé toutes choses par son Fils unique, l'ayant lui-même engendré devant les siècles, « premier-né de toute créature, ange du grand conseil, souverain prêtre » (8, 36, 3 ; cf. 2, 24, 3, et 30, 2 ; 5, 16 et 20, 12) ? Écho sans doute de cette *Tradition Apostolique*, dont les Fragments de Vérone nous ont conservé ceci : *Gratias tibi referimus, Deus, per dilectum puerum tuum Jesum Christum, quem in ultimis temporibus misisti nobis Salvatorem et redemptorem et angelum voluntatis tuae (qui est Verbum tuum) inseparabilem* (ed. Hauler, p. 106). L'Ange, inséparable du Père, voilà ce qu'est le Verbe dans son office de Sauveur et de Rédempteur. Voilà celui qui, « incarné dans le sein de la Vierge », et « montré à Dieu comme son fils », « a accompli la volonté du Père », « les mains étendues pour le rachat de son peuple », après avoir d'abord « pris le pain et rendu grâces, et dit : Prenez et mangez, car ceci est mon corps, etc. » (*ibid.*). Voilà l'Ange de l'Eucharistie. Ange sacerdotal, Ange qui n'est autre que le Verbe, organe de la volonté salvifique de Dieu, et Rédempteur des hommes parce qu'il est le Prêtre de son Père.

Vous objectez les discriminations rigoureuses introduites par l'*Epître aux Hébreux* entre les anges et le Verbe. Mais n'est-ce pas l'*Epître aux Hébreux*, elle-même, qui, tout en exaltant comme de juste la supériorité du Fils sur les anges, affecte cependant de l'appeler, non pas (comme on devrait s'y attendre)

Fils Unique, mais Premier-né, comme aussi l'*Epitre aux Colossiens ;* et cela (d'une manière spéciale) en comparaison avec les anges eux-mêmes, avec ces esprits officiers, ces ministres spirituels, πνεύματα λειτουργικά, qui pour être affectés au service de l'économie du salut, εἰς διακονίαν, n'en sont pas moins les frères puînés du Sauveur, comme ils sont les aînés des hommes, les « premiers-nés » de Dieu, inscrits au rôle de la Jérusalem céleste (*Hebr.*, 12, 23), bien avant que l'Église, l'Église de la terre, eût commencé à la peupler. Et plus tard, ne fut-ce pas sous le nom d'anges que l'*Apocalypse* présenta le sacerdoce chrétien dans la lettre aux sept Églises ? Et que dire de cet en-tête de la lettre : « Jean aux sept Églises qui sont en Asie : grâce et paix vous soient données de la part de Celui qui est, qui était, et qui VIENT, et de la part des sept ESPRITS qui sont devant son trône, et de la part de JÉSUS-CHRIST » ? Voilà un enchevêtrement des esprits et du Verbe, qui vaut bien Justin. Ils sont liés ; et si leur liaison n'est pas apparente dans les attestations qui nous restent de l'ange du Baptême ou de celui de la Pénitence, il convient peut-être de se rappeler deux choses. Premièrement, que, en soi (et vous n'en disconviendrez assurément pas), la parité n'est qu'imparfaite entre l'initiation baptismale avec ses exorcismes, ou les longues rigueurs de la Pénitence, et le très saint et auguste sacrifice du corps et du sang de Jésus-Christ. Même pour qui les réunit, comme nous, sous un genre commun, tel que celui de sacrement, il reste impossible de les mettre sur le même plan. Quant aux anciens, cette classification chez eux ne se laisse apercevoir nulle part. Le seul groupement que nous trouvions dans l'antiquité est celui des rites dont l'ensemble forme l'initiation progressive au mystère chrétien : Baptême, Confirmation, Eucharistie. On eût étonné nos pères dans la foi, en leur disant que la réflexion théologique amènerait un jour à découvrir, et cela très légitimement, très logiquement, quelque sorte d'homogénéité entre ces rites et la Pénitence, pour ne pas parler de l'Extrême-Onction ou du Mariage. Si opportune que puisse être, même en ces derniers cas, l'intervention des bons anges, elle n'est pas plus commandée par le parallélisme des autres sacrements qu'elle ne le commande. Les premiers chrétiens ne se disaient pas : il y a un ange, ou des anges, pour chaque sacrement ; pour l'Eucharistie, comme pour le Baptême ou la Pénitence, ni inversement. Deuxièmement, l'état civil, si l'on pouvait ainsi dire, ou, si vous aimez mieux, la situation canonique de notre Ange eucharistique est autrement ferme et reluisante que celle des anges du Baptême ou de la Pénitence.

L'ange-pasteur de la Pénitence n'a qu'un

bien chétif répondant, duquel nous ne savons
à peu près rien, pas même s'il fut le personnage hautement apparenté dont nous parle
le fragment de Muratori, ce qui à l'heure
actuelle paraît encore fort contestable (cf. G.
EDMUNDSON, *The date of the Shepherd of
Hermas, Expositor*, 24 [1922], p. 171-176).
Au surplus, quelle qu'ait été son identité,
frère de Pie ou contemporain de Clément,
il est bien à craindre qu'il ne faille voir en
lui l'ancêtre de ces visionnaires qui, à toutes
les époques, ont assailli le Saint-Siège de
leurs communications prétendues divines, et
dont la race, à en croire ceux qui savent,
est loin d'être éteinte. A Hermas, on pourrait être tenté d'associer Clément d'Alexan-
drie : « Celui qui accueille l'ange de la pénitence, celui-là ne s'en repentira pas, le jour
venu de quitter son corps ; il ne rougira
pas en voyant venir le Sauveur dans sa gloire,
entouré de son armée » (*Quis dives salvetur,*
42). Mais, si le langage se ressent ici du *Pasteur* (ce qui n'est guère douteux), l'idée est
à coup sûr sensiblement différente. La pénitence dont il s'agit dans l'occasion n'est
pas une discipline canonique, encore moins
un rite sacramentel (ainsi que vous l'avez
vous-mêmes fort justement noté dans votre
Edit de Calliste, p. 131) ; c'est une vertu,
c'est la repentance (40, coll. 42 ; τὴν δεξιὰν
ὡς ὑπὸ τῆς μετανοίας κεκαθαρμένην καταφιλῶν);

le désaveu du passé, la rupture avec le passé, sans préjudice des exercices extérieurs de pénitence dans la mesure voulue pour amortir les passions invétérées (40). L'ange de cette pénitence est donc l'ange d'une vertu : comme on en trouverait à bien d'autres époques de la littérature chrétienne. Celui qui eut le plus de succès dans les premiers siècles paraît avoir été l'ange de la paix (*Sacram. Serap.*, 5, 8 ; *Const. Apost.*, 8, 36, 3), c'est-à-dire de la concorde, lequel a survécu dans nos prières liturgiques sous les traits de saint Michel, *Angelus pacis Michael*, chargé de refouler au fond des enfers la guerre et son cortège de pleurs : *lacrimosa in orcum bella releget*. C'est à cet ange que s'apparente celui de Clément. On a donc tout droit de le négliger en l'espèce. Ce n'est pas à dire que l'ange d'Hermas, lui, ne réapparaisse jamais plus chez les Pères : mais précisément c'est lui-même qui réapparaît, et toujours sous le patronage d'Hermas, à qui on laisse toute responsabilité (ORIGÈNE, *In Matth.*, tom. 14, 21, et *In Rom.*, 1. 10, 31). Voilà pour la Pénitence.

Quant à l'ange du Baptême, ses rares attestations sont d'inégale force. Origène, à l'endroit que vous citez (*In Ezech.*, hom. 1, 7), est bien vague sur les relations entre les baptisés et les anges ; encore est-il qu'il rattache étroitement tous les ministères angéliques à celui du Christ, « prince de la milice céleste » *(ibid.)*. Tertullien *(De bapt.*, 6) est plus précis ; peut-être trop précis : car il nous inquiète, et en dotant son ange d'attributions que la dogmatique catholique ne peut ratifier, et en paraissant l'authentiquer, comme plus tard saint Optat *(De Schism. Donatist.*, 2, 6), par un verset à tout le moins fort suspect du cinquième chapitre de saint Jean (v. 4), lequel pourrait bien être son unique tire à l'existence. En tout cas, entre Tertullien et Optat, il y a quelqu'un qui paraît nettement l'exclure : c'est Cyprien ; puisqu'il met la supériorité du martyre sur le baptême en ceci : qu'au baptême ce sont les hommes qui baptisent, au martyre ce sont les anges *(Ad Fortunatum, de exhortatione martyrii*, 4). Donc Optat, dépendant de Tertullien, et Tertullien dépendant probablement d'une interpolation de fraîche date : voilà tout ce que nous offre, du moins jusqu'à présent, l'antiquité patristique en faveur de l'ange du Baptême.

Notre Ange liturgique se présente dans de meilleures conditions. Il mérite donc d'être étudié pour lui-même, selon le sens de l'économie à laquelle il appartient, sans être ramené à la mesure de ses confrères, plus ou moins problématiques. S'il y a dépendance, ce qui n'est pas prouvé, elle n'est certainement pas de son côté. Il ne paraît donc pas nécessaire d'abandonner l'interprétation, ferme autant que cohérente, donnée par les siècles qui furent l'âge d'or de la Liturgie. (RÉMY D'AUXERRE, *De la célébration de la Messe*, « adstantibus ministris caelestibus Christus » ; YVES DE CHARTRES, *Sermon*, 5 « Quis est iste angelus nisi angelus magni consilii ? » HONORIUS D'AUTUN, *La Gemme de l'Ame*, 106 ; ÉTIENNE D'AUTUN, *Traité du Sacrement de l'Autel*, 17 « id est per Filium tuum » ; ALGER, *Du Sacrement du corps et du sang du Seigneur*, I, 14, « per manus et virtutem Filii tui, angeli tui » ; SICARD DE CRÉMONE, *Mitrale*, 3, 6.) Interprétation exclue, il est vrai, *implicitement* par Innocent III, en même temps que l'idée d'épiclèse : celle-ci, pour des raisons non pas d'ordre scientifique, mais (l'aveu en est formel) d'opportunisme pastoral[1]. Interprétation néanmoins

1. Au sujet des témoignages qu'on vient de lire, mon éminent correspondant me fait l'honneur de répondre ainsi (*Recherches*, 1923, p. 239) : « Ces témoignages donnent-ils l'impression d'une tradition ferme ? La donneraient-ils surtout, en regard des innombrables témoins qui ne disent rien de semblable, ou qui disent le contraire, comme Innocent III et Pierre Lombard (IV, D., 13), sur qui le hasard me fait tomber ? » Il y a sûrement ici une distraction. Pierre Lombard ne dit pas le contraire. Il est vrai qu'il parle des anges, et se tait sur le Christ (à moins encore qu'il ne faille entendre le Christ dans la première phrase, où il est question du « caelestis missus » envoyé

qui par la force de la tradition survivra, chose curieuse, à contre-sens non seulement chez saint Thomas (4 D. 13), mais chez les liturgistes de profession comme Durand de Mende (*Rational*, 4, 44) ou Biel (*Exposition du S. Canon de la Messe*, leçon 55), au moins à titre probable ; en attendant qu'elle reparaisse dans toute sa force chez l'apologiste Gordon Huntley (*Controverses*, 9), et que finalement

« ad consecrandum vivificum corpus »). Mais signaler les anges sans mentionner le Christ, n'est pas de soi exclure le Christ, ni infirmer par conséquent le témoignage de ceux qui nous mettent devant les yeux le roi des anges. En revanche, ce morceau même prouve que Pierre Lombard voyait dans la prière *jube haec perferri* une épiclèse. Cela suffit pour le séparer d'Innocent III, lequel n'est à considérer comme un adversaire *implicite* de l'interprétation christologique que précisément pour autant qu'il écarte *formellement* l'épiclèse, qui en est le fondement. Outre Pierre Lombard, on retrouve le même passage chez presque tous les auteurs de l'époque, Gerhoch, Baudin, Pierre de Poitiers, etc. (voir M. F., 278-279). — Le R. P. d'Alès parle au même endroit des « innombrables témoins », qui dans leur interprétation de la prière *jube haec perferri* n'ont rien dit du Christ. Le mot *innombrables* n'est-il pas un peu fort ? Il n'y a eu dans le haut Moyen Age, c'est-à-dire avant Innocent III, qu'un nombre peu considérable d'auteurs à commenter cette prière, du moins à ma connaissance. Et c'est en proportion tout à fait notable, qu'ils ont affirmé le Christ : outre qu'ils étaient les plus en vue. Et c'est une chose bien significative que leur affirmation pendant trois siècles n'a jamais rencontré de contradiction, pas plus qu'elle ne laisse apercevoir chez eux aucune hésitation.

Le Brun (*Explication... de la Messe*, in h. 1.) la déclare indubitable : ce qui est peut-être exagéré, car, à vrai dire, en pareille matière, du moment qu'il s'agit de déterminer quelle fut la pensée de ceux qui rédigèrent nos antiques formules, nous ne pouvons pas prétendre à une certitude mathématique. Les vraisemblances suffisent, fondées sur la mentalité du temps, l'interprétation postérieure, et les raisons intrinsèques. Nous sommes en présence d'une locution qui sous le couvert d'une image énonce une réalité : un changement, présenté comme un déplacement. La figure se prête à mettre en relief le ministère angélique ; mais le dedans de l'action sacrée invite l'œil de la foi à voir la part du Ministre, du « Liturge » suprême (*Hebr.*, 8, 2), du Prêtre invisible, de « l'Ange aimé de Dieu » (JUSTIN, *Dial.*, 93), dont les anges sont les Diacres, comme sont diacres du prêtre visible ceux que l'Église a ordonnés pour un ministère parallèle à celui des esprits bienheureux (*Pontifical Romain*, ordin. du diacre. — Cf. ORIGÈNE, *In Matth. Comment. Series*, 10. P.G. 13, 1613 c. — S. GERMAIN C.P., *Etude mystagogique de l'Eglise*, n. 16, J. T. S., 9 [1908], 261-262 : Οἱ δὲ διάκονοι εἰς τύπον τῶν ἀγγελικῶν δυνάμεων.... ὡς λειτουργικὰ πνεύματα εἰς διακονίαν ἀποστελλόμενα περιτρέχουσι. — NARSAI, *Exposition des mystères*, T. a. S., 8, 1, p. 4, cf. p. XXII. — DENYS BAR SALIBI, *Exposition des offices de l'Eglise.* tr. 2, c. 13, 14 et 21, C. S. C. O., 91, p. 143-149 et 158-159, etc.). Prêtres et diacres, tous ministres du Très Haut, *comministri*, selon le mot de l'Église *(Pontif. Rom.)* ; Jésus-Christ et les anges, ministres eux aussi en commun, bien qu'inégalement, du Tabernacle céleste dressé par la main de Dieu. C'est la collectivité, ou plutôt la hiérarchie de ce ministère supra-terrestre, qui semblerait visée dans la prière du Canon pour le transfert des oblats : nous demandons qu'il soit opéré par le divin Envoyé, par le Liturge glorifié, assis à la droite du Père, et intervenant ici, comme il interviendra au dernier jour, « dans sa majesté et celle de son Père et des saints anges » *(Lc.,* 9, 26). C'est que, comme l'enseigne le Ps. Denys, une est la vertu de toute hiérarchie *(Hiérarchie Ecclésiastique,* 1, 2). De même que les diacres sont participants de cette éminente « Diaconie du Christ », dont parle saint Ignace *(Magn.,* 6, 1, coll. *Trall.,* 3, 1. Cf. *Didasc.* et *Const. Apost.,* 2, 26, 4, et *Const. Apost.,* 3, 30, 2), laquelle consiste précisément *(Const. Apost., loc. cit.)* en ce que le Christ fut et reste « l'Ange du Père » *(ibid.* et 5, 12 ; cf. *Lettre synodale du Concile d'Antioche à Paul de Samosate,* Mansi, 1, 1036) ; de même, les anges sont participants de cette mission éminente et première, qui est celle du Verbe, sorti du sein du Père pour y rentrer ; venu sur terre par la voie de l'Incarnation, et retourné au ciel par la vertu du sacrifice de son corps et de son sang. « Exivi a Patre... et vado ad Patrem ». « Nemo ascendit in caelum, nisi qui descendit de caelo, Filius hominis qui est in caelo. » Cette échelle mystérieuse qu'avait vue Jacob, c'est lui, le Christ, qui l'a inaugurée ; ou plutôt il est cette échelle même par où s'établit la communication entre le ciel et la terre. On ne conçoit pas sans lui les démarches des puissances angéliques ; comme on aurait tort de se le représenter lui-même à part des anges qui s'empressent sur la voie qu'il a frayée. Si les anges étaient tenus à l'écart de notre sacrifice, de ce sacrifice qui cimente l'alliance de la terre et du ciel, il semble qu'ils pourraient faire leur, à l'adresse du Christ, la plainte célèbre : « Quo, sacerdos sancte, sine diacono properas ? Tu nunquam sine ministro sacrificium offerre consueveras ». Mais si leur main s'offrait seule à l'ouvrage, le Christ ne pourrait-il pas leur dire comme à nous : « Sine me nihil potestis facere » ? — « Per manus sancti Angeli tui » ; c'est bien la main des anges, mais dans la main du Christ, de l'Ange souverain[1]. Encore une fois, cette

1. Discutant ici avec le P. d'Alès, ce n'était pas le lieu de critiquer l'identification de l'Ange avec le Saint-Esprit, laquelle est exclue par mon correspondant comme par moi-même. Cette hypothèse, mise en circulation par Hoppe il y a soixante ans, a été reprise de

exégèse ne s'imposera jamais avec évidence ; il lui suffit d'être raisonnable et bien fondée. Le texte, à cet endroit de notre Liturgie, est poétique : une interprétation compréhensive et souple, non pas rigide ou étroite, se prêtera mieux que toute autre à revêtir les contours d'une réalité complexe et mystérieuse.

Assurément la question n'est pas grave ; elle confine aux infiniment petits. Et pourtant, comme vous le faites remarquer, elle n'est pas sans lien avec l'autre question, beaucoup plus grave, qui a trait au sacrifice céleste.

nos jours par des liturgistes de marque. Elle n'a pour elle l'autorité d'aucun interprète dans l'antiquité patristique ou médiévale. Dans les textes liturgiques on ne lui trouve que deux points d'appui : 1º une antienne, qu'on voit dans des manuscrits du xᵉ-xıııᵉ siècle (cf. CAGIN, *Te Deum on Illatio ?* p. 217), hésiter entre ces deux formes : *Emitte Angelum tuum, Domine,* et *Emitte Spiritum Sanctum tuum, Domine,* « pour la sanctification de votre corps et de votre sang » (rien d'un transfert des oblats, simple épiclèse descensionnelle) ; 2º une pièce du *Liber Ordinum* (M. F. 447), sans rapport aucun avec l'eucharistie, mais visant uniquement la descente du Saint-Esprit, « Ange de Vérité », sur les fonts-baptismaux. C'est trop peu pour conférer à l'interprétation conjecturale de Hoppe une sérieuse probabilité : à supposer même qu'il n'y eût pas à se dresser en face d'elle un ensemble imposant d'indices scripturaires, patristiques, liturgiques, favorables au Verbe, au Souverain Prêtre, au Chef de la Hiérarchie céleste, à ce Fils du Père, qu'invoquent par ailleurs tant d'autres épiclèses, voire des plus anciennes.

Celle-ci est capitale, ou si vous aimez mieux, centrale. Et sur cet article vous n'êtes pas le seul à avoir émis un doute : un critique espagnol vous a devancé dans les *Estudios Eclesiásticos*. Comment peut-il y avoir sacrifice céleste, du moment qu'au ciel (nous sommes, ou devrions être tous d'accord là-dessus) il n'y a plus place ni pour oblation, ni pour immolation ? — La question peut se poser d'un double point de vue : point de vue de la réalité ; qui est le plus important ; et point de vue de la terminalogie : ce qui est secondaire.

Et d'abord, quant à la réalité des choses, Il est très vrai que l'oblation et (quand il y a lieu) l'immolation intègrent la confection du sacrifice. Il n'y a donc plus de sacrifice en cours de célébration, une fois accomplies ces deux actions ; et comme elles ne se répètent pas au ciel, il n'y a pas au ciel de sacrificature en exercice. Cela est indubitable. Faut-il dire qu'il n'y a pas de sacrifice ? Cela est autre chose. Si le sacrifice ne s'entendait que de l'action sacrificatoire, alors soit. Mais si le sacrifice, outre son élément actif, comporte un terme passif, qui peut durer, tandis que l'action passe, alors la solution sera différente. On dira que le sacrifice actif est terminé, mais que le sacrifice passif se prolonge, aussi longtemps que dure l'état dans lequel le rite sacré a eu pour but d'introduire la victime.

Le sacrifice passif, c'est le don fait à Dieu, restant dans l'état de don. Que faut-il pour qu'il y reste ? Il faut qu'il n'ait pas été refusé par Dieu, mais au contraire, accepté et, par conséquent, pris en main par Celui auquel il était destiné. C'est ce qui s'est fait pour la victime du sacrifice rédempteur à la résurrection et à l'ascension. Le Christ est au Ciel en qualité de don, présenté jadis, et depuis lors gardé par Dieu à jamais. C'est ce qu'on entend dire, lorsqu'on le qualifie de victime éternelle ou de sacrifice céleste. Assurément, il ne subit pas une nouvelle immolation ; assurément, il n'est plus dans l'état sanglant et inanimé où l'immolation de jadis eut le pouvoir de le mettre. Mais de là à conclure qu'il n'est plus victime ou qu'il n'est plus sacrifice, il y a un abîme. La conclusion ne vaudrait que pour ceux qui consciemment ou inconsciemment voient le formel du sacrifice dans la destruction, la détérioration, l'amoindrissement. Pour eux (sauf de rares exceptions, peu conséquentes avec elles-mêmes) le Christ céleste, en état de victime, est un non-sens. Encore y aurait-il lieu de leur faire remarquer que ce qui a été détruit dans le Christ par la mort, c'est-à-dire la vie héritée d'Adam, la vie à la ressemblance de la chair pécheresse, la vie corruptible et mortelle, n'a pas reparu dans la résurrection : cela est resté sur la croix, comme doit y rester aussi la nôtre, pour faire place à une autre vie, dont le principe est divin : vie divine du Verbe, envahissant l'humanité du Christ, pour se répandre de là en tous ses membres. Mais surtout ce qu'il faut, c'est exorciser ce concept faux du sacrifice, et en revenir à celui-là seul qu'autorisent et la révélation et la raison naturelle, sans parler de l'histoire ; le concept où prime la qualité de don, de don fait à Dieu, de don extérieur extérieurement offert pour attester et traduire la consécration intérieure de l'âme à son créateur, de la créature à sa fin dernière. De ce point de vue, peu importe, en un sens, que le don visible ait été acheminé vers Dieu par la voie de l'immolation ou par une autre (comme c'est le cas pour les sacrifices qui se passent d'immolation). Ce qui importe, c'est qu'il arrive. Tout don de ce genre, offert à Dieu personnellement, dans l'intention susdite, est (au sens passif du mot) un sacrifice, à tout le moins par destination. Accueilli de Dieu, c'est un sacrifice arrivé, un sacrifice parvenu à terme, un sacrifice consacré comme tel par l'acceptation divine, et par suite (toujours au sens passif du mot) un sacrifice consommé. C'est ainsi que le Christ est sacrifice éternel, non pas précisément et formellement ou principalement de par ses stigmates, mais de par sa gloire : pour autant que sa gloire est la réponse divine à l'acte sacerdotal posé dans le temps. La consommation du sacrifice

n'est donc pas la consommation d'une *action*
transitoire située dans le passé ; c'est la consommation de la *chose*, dédiée par cette action,
et mise finalement en état de chose divine
par l'acceptation, qui seule a la vertu de la
transférer définitivement du domaine humain
au domaine divin, et par conséquent de la
faire passer de son état (relativement) profane et terrestre dans la condition sacrée,
céleste, qui sera désormais la sienne. Ainsi
en va-t-il de la consommation divine par
l'acceptation ; ainsi en va-t-il de la consommation humaine par la participation : participer au sacrifice par la communion, ce
n'est pas, de soi, participer à l'action sacrificatoire (ainsi à la Cène les apôtres ne parti-
cipèrent pas à l'activité sacerdotale du Christ) ;
mais c'est participer à la chose sacrifiée,
au sacrifice passif. C'était, pour les païens,
participer à l'idolothyte ; c'est, pour nous,
participer au « théothyte » du sacrifice rédempteur, qui se trouve être (de par institution
divine) le théothyte unique de nos oblations
eucharistiques. Dire, par conséquent, que
le sacrifice céleste n'est que le sacrifice consommé, cela est parfaitement vrai ; mais en
conclure qu'il n'est pas un sacrifice au sens
strict, cela dépasse les prémisses. Assurément,
pour aucun théologien soucieux d'exactitude,
ce n'est (ou, du moins, ce ne devrait être)
un sacrifice actif au sens strict. Mais c'est,

au sens très strict, un sacrifice passif, le plus vrai, le seul vrai d'une vérité qui domine les ombres et les figures pour leur communiquer ce qu'il pouvait y avoir de fondé dans leurs apparences d'offrande agréée, de don reçu, de biens soustraits à ce monde pour prendre dans une sphère plus élevée la qualité de « pain de Dieu », de « coupe de Dieu », d' « agneau de Dieu ». Dans cette qualité auguste de don sacerdotal porté au sommet des cieux, il n'y a rien de tant soit peu dérogatoire à la dignité du Christ entré en possession de sa gloire native et assis à la droite de Dieu. Vous avez mille fois raison d'écarter de cet état et de cette gloire tout geste suppliant, toute attitude extérieure ou intérieure de sacrificateur qui présenterait son offrande à l'agrément du Père. Ce que le Christ fit sur la terre, il n'a pas à le répéter ; il l'a fait une fois pour toutes, et si bien fait que, quand même il le voudrait, ce ne serait plus à refaire ; car on ne peut plus, dit le Philosophe, se mouvoir lorsqu'on est au terme ; et ce qu'il a offert est arrivé à un terme qu'on ne peut dépasser : les offrandes de notre Melchisédech reposent maintenant dans le sein de Dieu, sous les espèces de l'humanité glorifiée du Fils, resplendissant comme homme de la splendeur même de son éternelle génération. Par delà il n'y a rien. Et c'est pourquoi Melchisédech, n'ayant plus à se donner de peine, est assis : il se repose, *sedet*. Cela n'empêche assurément pas que le don reste ce qu'il est, un don, et un don de Melchisédech : un don entre les mains de Dieu ; et c'est à ce seul titre qu'il reste l'éternel prix de notre salut et l'indéfectible rançon de nos âmes.

Mais peut-être sommes-nous d'accord sur ce point, le seul qui compte dans l'ordre réel, puisque vous écrivez : « Le Christ glorifié demeure en toute vérité Prêtre et Victime du Nouveau Testament ». Il demeure Prêtre, dites-vous, et il demeure Victime ; et vous l'entendez, apparemment, d'une éternité qui est la même pour la Victime que pour le Prêtre : non pas d'une éternité relative, bornée au temps que durera le sacrifice eucharistique de l'Église, mais prolongée par delà le dernier des jours jusque dans les siècles des siècles. Alors nous sommes d'accord. Et l'accord sur le fond est si précieux qu'il vaudrait la peine qu'on vous fît le sacrifice d'une terminologie qui vous chagrine. Ce serait fait tout de suite, s'il n'y avait quelque inconvénient. L'inconvénient d'abord d'ôter leur sens à des expressions consacrées, que nous continuerons d'employer par la force des choses, d'accord avec toute la littérature chrétienne : telle la participation au sacrifice, la consommation du sacrifice. Ces expressions s'entendent du sacrifice passif, ou ne signifient rien : du moins pour quiconque voit dans le sacrifice non pas seulement un geste, mais un don. De plus, il y aura l'inconvénient de s'écarter des Pères, qui en mille endroits, nous parlent du Christ comme étant encore sacrifice, indépendamment de nous qui sacrifions sur la terre, indépendamment des signes qui figurent encore sacramentellement la Vérité, que le ciel nous découvrira. Enfin (sans parler de bien d'autres raisons) il y aurait un démenti (implicite) à l'usage le plus constant de l'antiquité médiévale. Il est assurément digne de remarque que l'appellation *sacrificium* fut pendant des siècles presque la seule employée pour désigner la réserve eucharistique (M F, 502). La réserve eucharistique n'est pas le sacrifice actif : ce ne peut être que le sacrifice passif. Et si l'appellation de sacrifice est recevable quant à ce qui reste après mon action sacrificatoire, pourquoi ne le serait-elle pas quant au terme, non pas seulement sacramentel, mais réel, auquel le Souverain Prêtre a amené sa Victime ? Et comment alors pourra-t-il se qualifier, sinon de sacrifice céleste ? Si ce mot s'est raréfié dans la langue théologique de nos jours, ne sera-ce pas parce que s'est raréfiée aussi l'intelligence, du moins nette, pleinement réfléchie, du but auquel s'adressait l'oblation du Christ, du but auquel s'adresse en général, et par essence, tout sacrifice, de la destination en un mot inhérente à la victime comme

telle, sans qu'on puisse lui assigner d'autre
aboutissement que celui de la maison de Dieu,
du sanctuaire de Dieu, du temple de la gloire,
où Dieu réside, et accueille les dons de ses
fidèles ? Veux-tu savoir, vous dira Irénée,
« qu'il y a un autel dans le Ciel ? mais c'est
de ce côté que se dirigent nos oblations ». Oui,
toutes nos oblations : mais d'abord celle du
Christ ; et les nôtres n'y arrivent que parce
qu'elles se changent en celle que le Christ a
fait arriver.

Y aurait-il présomption à croire qu'ici
encore nous nous entendons, et que vous
n'avez pensé blâmer qu'une insistance excessive à ramener devant le lecteur cette vue
d'un sacrifice céleste, pour y rattacher constamment notre sacrifice d'ici-bas, et en faire
comme le terme du mouvement que nous
imprimons à nos offrandes ? Alors une fois
encore, il faudra plaider coupable, et reconnaître que cette insistance est réelle, et qu'elle
est voulue. Pourquoi voulue ? Il n'est pas
malaisé d'en rendre compte.

Quelques auteurs, très respectables et très
méritants (M. F, 303-304), ont cru pouvoir
intégrer notre sacrifice eucharistique en joi-
gnant à l'oblation, qui procède de nous sous
la forme d'une immolation symbolique, cette
immolation réelle qui s'accomplit au Calvaire,
et qui certes n'est plus en cours maintenant,
pas plus qu'elle ne marque (ainsi qu'elle fit

à la Cène) l'étape par laquelle passerait notre hostie. Le Christ s'offrit à l'immolation de la croix, mais l'Église n'offre pas plus le Christ à son immolation sanglante qu'elle n'offre la chair inanimée ou le sang jaillissant des plaies. Tout cela est du passé. Aussi ces mêmes théologiens entendent-ils que nous offrons la mort passée, et aujourd'hui périmée, du Sauveur, sans qu'il subsiste en fait dans le Christ un état permanent de sacrifice (passif), inhérent à son humanité glorifiée. Cela peut-il se faire ? Ou plutôt, si c'était cela, et qu'il n'y eût que cela, y aurait-il de notre part sacrifice réel (au sens actif du mot) ? Ils le croient ; ils affirment autant que nous la réalité de ce sacrifice quotidien. Ils sont aussi catholiques que nous ; mais sont-ils conséquents avec eux-mêmes et avec leur foi ? Un vrai et réel sacrifice n'exige-t-il pas la présence d'une vraie et réelle victime, en véritable et actuel état de chose sacrifiée ? Et si cet état ne lui est point conféré par nous (en quoi il faut louer ces auteurs de s'accorder avec la tradition de quinze siècles), ne devient-il pas indispensable d'en reconnaître la réalité antécédente et permanente ? Il y va donc de la réalité et de la vérité de notre sacrifice. Si « terrestre » qu'il soit (expression qu'on ne trouverait jamais dans les Pères ni dans les liturgies) de par le rite qui s'y pratique et les ministres qui y officient et le lieu où il se célèbre et la condition voyageuse de l'Église militante, néanmoins il est céleste quant à la Victime, quant au Don, et quant à l'état de Don ou de Victime, auquel il se réfère : si toutefois, comme en conviennent généralement les théologiens contre Suarez, la chose offerte par nous est le corps et le sang du Christ, et nullement les espèces (M F, 109 et 209). Ceci sera souligné dans les conférences de la « Catholic Summer School » de Cambridge, qui doivent paraître incessamment en volume[1]. Mais ce sur quoi il faut insister ici, c'est que non seulement la cohérence des idées est en cause, mais aussi (ce qui à un certain point de vue est plus grave encore) le respect des décisions ecclésiastiques. La question depuis deux siècles n'est plus pleinement intacte. Sans être péremptoires ou définitives. les décisions de l'Épiscopat français ont donné sur ce point une orientation (négative, sans doute) qui s'impose au respect des théologiens. En 1723, Pierre-François Le Courrayer, chanoine régulier de Sainte-Geneviève (sur cet équivoque personnage voir la *Nouvelle Biographie générale*), écrivit une *Dissertation sur la validité des ordinations des Anglois*, puis en 1726 une *Défense de la Dissertation...*, etc. Le sacerdoce des Anglais

---

1. Le volume a paru depuis sous le titre *Catholic Faith in the Holy Eucharist*. Voir Avant-Propos.

était valide, parce que (contrairement aux dires des théologiens catholiques) ils n'avaient point faussé le sens des ordinations. Toujours ils avaient fait profession de conférer un pouvoir sacrificateur, mais relativement au seul genre de sacrifice que reconnaisse la foi chrétienne, c'est à savoir « un sacrifice purement représentatif et commémoratif » (Proposition I), où ne s'offre pas autre chose qu'une mort passée, et cela sans qu'il y ait à faire intervenir dans le Christ un réel et actuel état de victime. « Pour disculper les Anglais, il suffit qu'ils reconnoissent, avec les Pères et nos meilleurs théologiens, le Sacrifice de J.-C. rappelé et représenté dans la célébration des Saints Mystères. » Proposition V.) « On trouve donc dans l'Eucharistie un vrai sacrifice en ce sens qu'on y fait à Dieu l'oblation d'une mort toujours présente... mais comme cette mort ne se réitère point, ce Sacrifice n'est que la représentation d'un autre. » (Proposition VI.) C'est contre cette réduction du sacrifice à deux éléments, une mort passée, une imitation présente, que s'élevèrent les « Cardinaux, Archevêques et Évêques assemblés extaordinairement à Paris », le 22 août 1727, dans leur *Censure des Livres de Frère Pierre-François le Courrayer*, etc. : « Ce saint Concile [de Trente] a expressément décidé que la Messe est un Sacrifice véritable et propre, c'est-à-dire proprement dit ; et qu'elle n'est pas une pure

commémoration de celui de la Croix. En faut-
il davantage pour anathématiser des propositions dans lesquelles on ose avancer que
la Messe n'est qu'un Sacrifice commémoratif
et représentatif ; qu'elle n'est qu'une représentation de celui de la Croix, et une mémoire
de l'immolation de Jésus-Christ ; que Jésus-
Christ s'y offre simplement en image ; dans
lesquelles enfin on réduit la Messe à une action qui rappelle le souvenir de ce que Jésus-
Christ a souffert pour nous ?... En vain
l'auteur prétend-il se justifier en disant qu'il
n'a nommé le Sacrifice de la Messe *Sacrifice représentatif* que pour exclure la réalité
d'une nouvelle immolation sanglante, et non
pas la réalité de l'offrande que nous y faisons
à Dieu. Cette excuse ne peut être reçue : car,
comme on l'a vu dans ses Propositions, s'il
reconnaît dans la Messe une *offrande,* ce n'est
que celle de la *mort* de Jésus-Christ opérée
sur la Croix. Or, de son aveu, cette mort ne
se renouvelle point : elle n'est ni présente, ni
offerte en tant que présente ; et, par conséquent l'offrande n'en peut être réelle, puisqu'*une offrande réelle suppose nécessairement
une victime présente.* Ce n'est donc que pour
faire illusion qu'il a plu à l'auteur d'appeler
cette offrande réelle. Elle ne peut être *dans
ses principes* qu'une pure commémoration
d'une mort passée et absente, *nudam comme-
morationem,* comme l'ont dit les Protestants.

Or il faut, selon la foi catholique, reconnaître dans le Sacrifice de la Messe, non une simple offrande d'une mort passée, mais *l'offrande véritable d'une victime réellement présente*, et, en tant que présente, actuellement offerte à Dieu par le Prêtre. « Les documents se trouvent tout au long dans le livre classique de E. E. Estcourt sur les ordinations anglicanes (*The Question of Anglican Ordinations*, Lond. 1873, p. LXXVIII-LXXXIII). Quiconque parle d'offrir dans la Messe la mort du Christ (à quoi nous invite d'ailleurs toute la Tradition) fera bien de ne pas négliger, ni laisser dans l'ombre, et pour ainsi dire sans emploi, cet autre élément, cet élément complémentaire, que la Tradition nous offre aussi, et que surent si bien utiliser contre Luther les apologistes de la Contre-Réforme, l'élément céleste, le terme final et glorieux dans lequel seul survit, immortalisée et sublimée, la qualité d'offrande et de don sacré, jadis revêtue par le Christ, et portée par lui au travers de sa passion jusque sur la pierre du tombeau, pour y recevoir d'en haut le sceau et le paraphe de la ratification divine. C'est à cette condition seule que nous intégrons dans notre rite liturgique l'essence d'un véritable et actuel sacrifice : c'est à savoir, sous forme d'immolation symbolique, l'oblation d'une victime véritablement telle, l'éternelle victime de l'unique sacrifice offert par notre Rédempteur. Nous offrons la mort du Christ, et nous l'offrons réellement, en ce sens que ce que nous offrons est le théothyte éternel de cette mort par laquelle Jésus-Christ se dévoua à Dieu. Si nous offrons sur terre un sacrifice, c'est parce qu'il y a un sacrifice céleste, le sacrifice que Jésus-Christ porta au sommet des cieux en ressuscitant de la croix. Il y est, et il y reste : le même qui pendit pour notre salut, après avoir été dédié dans le rite du pain et de la coupe, qui continue de le dédier jusqu'au dernier des jours.

Voilà ce qui semble pouvoir être allégué pour excuser une insistance qui vous a étonné. Quel plaisir ce serait d'apprendre que votre étonnement est dissipé ou atténué ! On ne s'étonne que parce qu'on ne s'entend pas réciproquement, lorsqu'on est par ailleurs d'accord sur le fond des choses, sur les principes directeurs, sur la méthode qui s'impose, et lorsqu'on a voué le même culte aux mêmes maîtres, dans l'unique souci de chercher non ce qui fera valoir tel système plutôt que tel autre, mais ce qui correspond à la foi chrétienne, telle que la vivent les simples, le saints, la sainte Église dont nous sommes les membres. A tout le moins nous nous comprendrons assez pour profiter toujours de nos échanges intellectuels, et peut-être en faire profiter d'autres.

LES OFFRANDES DE MESSES

La solution ancienne du problème toujours actuel des « honoraires » de messes doit s'attendre, toutes les fois qu'elle se présente, à provoquer un désaccord, ou du moins un besoin d'explications, entre Liturgistes et Moralistes. C'est ce qui s'est produit récemment. Tandis que le R. P. Hanssens, S. J.[1], professeur de Liturgie à l'Université Grégorienne et le R. P. Bauduin, O. S. B.[2], professeur au Collège International de Saint-Anselme, donnaient à la thèse défendue dans le *Mysterium Fidei* leur adhésion sans réserve, leur compatriote, le R. P. Hocedez, S. J.[3], professeur au Scolastiat de Louvain, ne pouvait s'empêcher, tout en marquant sa sympathie, d'élever un certain nombre d'objections, dont il terminait la liste par ces

1. *Gregorianum*, juin 1922, p. 307-312, article sur le *Mysterium Fidei*.

2. *Revue des Questions Liturgiques et Paroissiales*, septembre 1922, *Les honoraires de Messes*.

3. *Nouvelle Revue Théologique*, février 1923, *Les Honoraires de Messes*.

mots : « Ces difficultés, sans doute, seront aisément résolues par le R. P., et nous le souhaitons vivement, ne demandant pas mieux que de nous rallier à ses vues. » A une invite si aimable il serait disgracieux de résister. C'est toute l'explication du présent travail[1].

I

Il sera bien entendu d'abord et avant tout, que dans ce qui va suivre il s'agit de la transaction ordinaire entre prêtre et fidèles, relativement non pas à la simple célébration de la messe, mais à son application[2]. L'application du sacrifice à mes fins comporte sa célébration, mais non pas inversement. Je puis engager un prêtre pour célébrer en tel lieu[3] et à telle heure[4], devant telle assistance, sans rien stipuler quant à l'application des fruits de la messe, mieux encore en excluant toute stipulation de ce genre. Néanmoins,

---

1. Voir à la fin du volume l'Appendice.

2. « Sacerdoti cuilibet Missam celebranti et APPLICANTI licet eleemosynam seu stipendium recipere » (*Cod. Iur. Can.*, can. 824, § 1).

3. A grande distance de chez lui, dans une chapelle de château, dans une chapelle d'usine, dans un camp d'instruction, dans une prison, etc.

4. Par exemple, midi.

en raison de l'assujettissement à ces conditions de temps et de lieu et de milieu (aliénation d'une liberté de mouvements), en raison du dérangement que la chose peut entraîner pour le prêtre (incommodité), à plus forte raison comme compensation des frais (par exemple de déplacement ou d'hôtel) qu'il peut avoir à s'imposer, ou des pertes qu'il a à subir (comme celle du temps qu'il aurait pu employer à une occupation lucrative, ne fût-ce que de bêcher son jardin ou de soigner ses abeilles[1]), en un mot, pour toute sorte de raisons très extrinsèques à la célébration elle-même du sacrifice, je puis m'engager envers lui à une rétribution en nature ou en argent : de sorte qu'à sa prestation correspondra de ma part une contreprestation de valeur

---

1. « Mercedem quam accipit, non pro divinis accipiat, sed pro mansione quam facit apud ecclesiam aliquam, vel pro aliis beneficiis, quae ibi facit, vel pro recompensatione damnorum quae sustinet occasione morae quam ibi contrahit » (INNOCENTIUS IV, *In quintum Decretalium*, cap. *Ne praelati*, n. 3, Venetiis 1570, fol. 298 b). « Aut pro labore extrinseco, aut pro obligatione celebrandi in tali loco vel tempore, aut quia privat se facultate dandi operam aliis rebus ex quibus licite posset lucrum referre vel aliquid aliud facere, quae sunt pretio aestimabilia » (MARTINUS BONACINA, *De Sacram. Eucharistiae*, quaest. ult., punct. 8, n. 2). Le titre extrinsèque, admis de tous les théologiens et canonistes, est aujourd'hui sanctionné par le Code, quant à la simple célébration, en cas de binage (can. 824, § 2).

égale, et que des deux se fera un contrat synallagmatique, obligeant en justice (quant au for
intérieur du moins) l'une et l'autre des parties :
contrat classique de louage (locatio-conductio).
La matière en sera ma rétribution d'une part
(véritable salaire) et d'autre part la servitude
surajoutée du dehors à la célébration de la
messe[1].

Même à part de toute considération extrinsèque de ce genre, je puis encore, dans
la seule intention de stimuler l'exercice du
culte divin, sans aucune prétention sur le
fruit du sacrifice, conclure avec un prêtre
tel arrangement par lequel je m'engage à
lui verser une somme déterminée pour toute
célébration qu'il fera, en quelque condition
de temps et de lieu qu'il lui plaise ; ou inversement, lui, acceptera une somme que je lui
remets contre engagement de célébrer, sans

---

1. Il n'est nullement nécessaire dans ce cas que
l'employeur soit un fidèle. Il peut être protestant,
juif, payen, athée, cela ne changera rien ni au sens
ni à la rigueur du contrat. Et le cas n'est nullement
chimérique. Un homme peut se passer de la messe
pour lui, et en avoir besoin pour la population ouvrière de son usine ou de son exploitation agricole.
L'État peut être officiellement protestant, schismatique, et avoir besoin des services d'un aumônier catholique pour ses soldats catholiques, etc. Rien n'empêche le prêtre de s'engager vis-à-vis d'un pareil
employeur contre payement d'un salaire ou d'une
solde.

spécification aucune de temps ni de lieu :
toute latitude lui étant, dans l'un et l'autre
cas, laissée on ne peut plus expressément
pour entrer avec un tiers (quel qu'il soit)
dans les conventions d'usage relativement
à l'application de la messe[1]. C'est le même
accord qui pourrait intervenir entre un Mécène
et un poète épique ou un compositeur de
sonates. On peut se demander s'il crée un lien
de justice contractuelle, et, en cas d'affirmative, s'il doit être rangé parmi les conventions du genre *do ut facias*, ou s'il n'a pas
plutôt la nature d'une donation conditionnelle ou modale *(do ea lege ut facias)*. Quoi
qu'il en soit, par le fait que la célébration
dont j'assure l'exécution n'est affectée d'aucune charge utilitaire, ni à mon profit ni au
profit d'une tierce personne que je me subs-
tituerais, je puis être tranquille quant au
chef de simonie[2]. Il n'y a pas échange (ou ré-
réciprocité onéreuse) entre une utilité spirituelle et une utilité temporelle ; ce qui est
l'essence de la simonie : donc tout va bien.

Voilà divers contrats qui peuvent se produire quant à la célébration de la messe, sans
toucher en rien à son application.

Ce n'est donc pas d'eux qu'il va être question,
mais uniquement de cet autre contrat en

---

1. Can. 825, 4°.
2. Voir LAYMANN, qui sera cité plus loin.

usage constant parmi les fidèles qui veulent
s'assurer, à eux ou à un tiers, le bénéfice d'un
certain fruit spécial de la messe, qui n'est ni
le fruit commun à toute l'Église, ni le fruit
propre aux assistants, ni encore moins le fruit
réservé au célébrant, mais un autre, reconnu
et sanctionné par la législation ecclésiastique
sur l'application du sacrifice. Les fidèles (dans
le cas envisagé) n'ont pas seulement pour
but de procurer la célébration de la messe,
comme dans les exemples précédents, mais
de se procurer (à eux ou à une personne subrogée) le profit spirituel de l'application
de la messe en leur faveur[1]. Le contrat *do*

1. Un jeune professeur à l'Université royale de
Catane, qui vient d'être transféré à Pise, M. VINCENZO
DEL GIUDICE, avocat au barreau de Rome, dans un
livre tout récent, *Stipendia Missarum* (Rome 1922)
a recensé diligemment et intelligemment discuté les
solutions d'un certain nombre de canonistes anciens
et modernes sur la question de l'essence du contrat
de messe. L'enquête montre que loin de présenter
une solution unanime, la littérature canonique nous
offre le tableau d'une confusion étrange. Pas une solution juridique qui n'ait été essayée ; chacune a toujours trouvé en face d'elle une armée imposante d'ad-
versaires. La même conclusion aurait pu se dégager
de l'étude des théologiens. L'accord n'est pas plus
fait aujourd'hui qu'hier. La question est d'autant
plus libre qu'elle est encombrée de solutions plus
variées. A la suite de Sinibaldi (Innocent IV) et de
Bonacina, M. Del Giudice a eu le grand mérite de
dégager la notion de mandat. Si au lieu de borner

ut facias, ou l'un quelconque de ses analogues, s'il intervenait ici, devrait s'étendre à une matière nouvelle : le fruit. Ce qui permettrait de le formuler ainsi : *Do* (tibi) *ut facias* (sacrum, et quidem mihi specialiter profuturum). Vous célèbrerez, et le fruit de la célébration sera mien. C'est visiblement un contrat double. Do tibi (1) ut facias sacrum, et (2) ut sacri fructum mihi tribuas. Deux contrats,

son enquête aux canonistes (ce qui est bien excusable de la part d'un jurisconsulte), il l'eût étendue aux théologiens, il se serait trouvé moins isolé parmi les modernes qu'il ne pourrait le croire. La notion de mandat est celle qu'a défendue naguère le *Mysterium Fidei* (339 sq., 349 sq., 355 sq., 365 sq., 382, etc.), mais en lui assignant un autre objet que M. Del Giudice, et en sauvegardant son entière pureté. Pour M. Del Giudice, je donne mandat à un prêtre de PRODUIRE un bien spirituel à mon profit, et je RÉMUNÈRE l'exécution de ce mandat. Cela ne se distingue guère des contrats *do ut facias*, ou analogues, qui vont être examinés ci-après. Changeons l'OBJET du mandat, supprimons la RÉMUNÉRATION, et tout deviendra aisé. De soi le mandat (M. Del Giudice n'en disconvient pas, est un contrat gratuit : ce qui le distingue du louage), etc. D'autre part, le mandat que je donne au prêtre n'est pas un mandat de production ou d'attribution à ma personne, comme on le verra ; mais un mandat d'OBLATION et de TRANSMISSION à Dieu ; il est essentiellement GRATUIT, et comme tel n'implique aucune rémunération. Mais il s'accompagne d'un DÉPÔT, du dépôt de la chose à offrir ou à transmettre ; et à ce titre de dépositaire, le prêtre est tenu en JUSTICE, vis-à-vis de moi ; bien que moi, à proprement parler, je ne LUI aie rien donné, mais seulement confié quelque chose en réalité : un contrat *do ut facias* (célébration) et un contrat *do ut des* (application). Sur le premier, pas de difficulté ; mais sur le second n'aura-t-on aucune inquiétude ? Je vous donne cette somme pour que réciproquement, et en toute obligation de justice, vous me donniez le fruit spirituel de la messe. Et on n'appelle pas cela acheter le fruit de la messe ? Qu'est-ce alors qu'acheter ? — Ce

(dont, par l'effet d'un processus qui sera à étudier plus loin, il lui revient ultérieurement une part pour son entretien). Peut-être est-il à propos de noter ici, pour la clarté, que nous employons le mot de mandat non dans le sens complexe que lui donne le Droit Romain, mais dans l'acception courante du langage usuel, pour laquelle ne sont pas requis tous les éléments du sens juridique.

Par ailleurs, M. Del Giudice semble dominé par la préoccupation de soustraire le contrat de messe à la connaissance du for judiciaire. Les arguments qu'il invoque paraissent discutables. Si je comprends bien, ils se fondent principalement sur l'impossibilité de constater juridiquement la non-exécution du mandat, principalement quant à l'application. Mais cette non-exécution peut être patente, au moins en certain cas. J'ai remis cinq cents francs à un prêtre pour cent messes à dire à mon intention. A peine les a-t-il reçus, il tombe muet, ou atteint de paralysie générale. Il est clair qu'il pourra être contraint à restitution par les tribunaux ecclésiastiques, ou même, semble-t-il, à leur défaut par les tribunaux civils. Également dans le cas où le prêtre, apostasiant, se vanterait ensuite de n'avoir jamais satisfait à son obligation. L'aveu fournirait une base juridique à la sentence du for ecclésiastique ou civil.

n'est pas acheter, parce que je donne cette somme au célébrant pour son entretien. — Mais en quoi cette destination, fort respectable, atténue-t-elle le contrat d'achat et de vente ? Je donne à mon cordonnier le prix d'une paire de chaussures. C'est pour son entretien apparemment qu'il travaille, et pour son entretien peut-être que je le fais travailler. Sera-ce moins entre lui et moi un contrat d'achat et de vente ? Ce n'est pas que l'affectation ultime à l'entretien du prêtre ne soit un élément particulièrement intéressant, comme on le verra plus tard, dans l'explication adéquate du processus par lequel mon apport pécuniaire devient légitimement la propriété du célébrant. Mais ce n'est pas elle qui suffit PAR ELLE-MÊME à écarter la simonie[1]. Autre-

---

1. Le R. P. G. ARENDT, *(De laesione iustitiae commutativae in missae manualis stipendio alteri celebranti diminuto*, Prati, 1914, n. 21), dit excellemment à ce sujet : « Ad hoc autem [simoniae vitium] arcendum, non sufficit stipendium dari, ex mero *operantis* fine, intuitu conferendae sustentationis sacerdoti sacrificii ministro, si simul, ex fine *operis*, ex indole scilicet obiectiva actus iuridici quo stipendii dominium in sacerdotem transfertur, locum reapse haberet commutatio illa pretii temporalis vel cum ipso spirituali sacrificio vel cum obiectivo labore, celebrationem huius intrinsecus atque inseparabiliter concomitante : esset enim haec simonia palliata ». Et plus clairement encore, au n. 41 : « Equidem contenti sunt omnes cum S. Thoma, ad avertendam hanc simoniae labem, pecuniam non dari in *pretium* operis

ment il pourrait m'être licite de stipuler avec un prélat que s'il me donne dix indulgences de cent jours, que je lui demande, je m'engage en justice à lui livrer dix quartauts de vin pour son entretien. Ou bien je pourrais déjà consigner la chose entre ses mains, à charge pour lui de me concéder, le moment venu, les dix indulgences. Or il n'y a pas de doute qu'une convention onéreuse de ce genre, un contrat en justice en matière d'indulgences, ne soit simonie de droit divin. Le Code est formel à cet égard[1]. Et ce qui se dit des indulgences, vaut pareillement de l'administration des Sacrements[2]. Si donc l'affectation ultime de mon *stipendium* à l'entretien du prêtre suffisait PAR ELLE SEULE à éliminer du contrat relatif à l'application de la messe toute tare de simonie, elle devrait suffire de même à l'éliminer de tous autres contrats relatifs aux indulgences 'et aux sacrements :

supernaturalis, vel fructus eius, sed in *sustentationem* ministri ; at vero per hanc primam explicationem nondum elucet quomodo ex iustitia commutativa minister teneatur supernaturale suum opus praestare vi supradicti initi contractus, quin reincidat in comparationem operae vel rei supernaturalis quam praestat, cum stipendio temporalis sustentationis sibi procuratae ab altero contrahente ; ideoque in simoniam incurrat, quam evitare voluerat ». On ne saurait mieux préciser la difficulté.

1. Can. 727, § 1.
2. *Ibid.*

ce qui n'est pas. Oui, elle intervient ; elle intervient légitimement et utilement : mais étant supposé déjà établi par ailleurs et au préalable que le contrat en question n'a aucunement la nature d'un échange (c'est-à-dire d'une réciprocité onéreuse) entre le bienfait spirituel d'une célébration et application à mon profit, et l'avantage temporel que trouve le prêtre dans sa sustentation. Alors, mais alors seulement, s'évanouira le spectre de la simonie. Répliquera-t-on que l'entretien du prêtre était déjà chose due de ma part ; que je m'engage seulement à remplir mon devoir, à payer une dette, à acquitter une redevance antérieure ; et que, puisque le versement était déjà obligatoire par ailleurs, le bienfait spirituel du prêtre garde toute son essentielle gratuité ? Mais en vérité n'est-ce pas là une illusion ? car enfin il peut fort bien s'agir, et le cas est très fréquent, d'un prêtre qui n'est à aucun titre mon pasteur ; ou encore (ce qui dans certains pays n'est nullement une rareté) d'un pasteur richement, abondamment et surabondamment bénéficié : et le contrat de messe reste identiquement ce qu'il est, dans ce cas (qui exclut toute obligation antécédente de concourir à l'entretien du prêtre), comme dans les autres (qui la laissent subsister).

De plus ce même titre de dette antécédente pourrait être invoqué dans tout contrat en matière de sacrements, d'indulgences, comme ci-dessus. Il n'y aurait plus de simonie possible, pratiquement, sinon peut-être entre gens assez grossiers pour croire que le temporel *vaut* le spirituel. Or cette erreur ou hérésie intellectuelle n'est nullement nécessaire pour constituer le péché de simonie[1] ; bien que le péché de simonie consiste à traiter les choses saintes et à traiter des choses saintes comme si on croyait pareille absurdité, puisqu'on met le spirituel et le temporel en corrélation dans une convention à titre onéreux, tendant de soi à établir un lien de justice, et par conséquent à égaliser les termes. Mais cette erreur n'entre là qu'à titre interprétatif, de par la nature des choses, sans avoir besoin d'être endossée formellement par les contractants comme l'objet même sur lequel porterait directement et proprement leur intention. D'où l'impossibilité pour un théologien de souscrire à ce principe, énoncé pourtant par des hommes de mérite tels que Tataret, dans son commentaire sur le 20e Quolibet de Scot, et cela en matière de simonie : « Vente et achat consistent à échanger le domaine d'une chose, dans la pensée que ceci est de valeur égale à cela[2] ». Il n'y a au contraire, nul besoin

1. S. THOMAS, *Somme Théol.*, 3, 100, 1, 1m.

2. « Venditio et emptio est commutando dominium unius rei, existimando hoc esse tanti valoris sicut hoc » (*Reportata... super Quaestiones Quodlibetales Scoti*, s. d., p. 214).

d'avoir pareille pensée. Quelle que soit votre opinion sur la valeur comparée des deux biens, l'un temporel, l'autre spirituel, vous n'avez pas le droit de les faire entrer dans un contrat d'échange, fût-ce en vous fondant sur l'obligation antécédente (de piété filiale ou de religion) qui incombe aux fidèles relativement à l'entretien des clercs.

Il est vrai, par ailleurs, que l'Église peut, en se fondant sur cette obligation préalable, établir des taxes à percevoir à l'occasion des sacrements ou autres grâces spirituelles[1]. Mais ces taxes ne deviennent PAR LA obligatoires qu'en vertu de la justice légale, se superposant à un devoir de piété religieuse et filiale, pour lui ajouter l'obligation plus précise et plus stricte de l'obéissance. Justice légale n'est pas justice commutative[2]. L'autorité ecclésiastique ne pourrait pas nouer la taxe à l'administration du sacrement par un lien de justice commutative sans nous faire commettre le péché de simonie, lequel consiste précisément dans la réciprocité onéreuse des prestations spirituelles et temporelles. Et pourtant en matière de messe ce nœud de justice commutative existe entre les deux activités, celle du prêtre et celle du fidèle :

1. *Cod. Iuris Can.*, can. 1507.
2. Toute violation de la justice commutative oblige intrinsèquement à restitution. Il n'en est pas ainsi de la justice légale.

et il n'y a pas de simonie. L'explication n'en est donc pas à chercher dans la simple intervention de l'Église, décrétant d'autorité une obligation de justice commutative que la nature des choses ne se serait pas suffi à créer. Car si ce procédé était valable dans le cas présent, il devrait de même valoir dans les autres cas, pour en exclure la simonie : ce qui n'est pas. De plus, à parler historiquement, il n'y a pas la moindre trace qu'une législation positive de l'Église se soit trouvée à l'origine de ce nœud de justice commutative entre prêtre et fidèles. Toutes les indications de l'histoire, on le verra, sont dans un autre sens.

Les esprits que n'effraye pas le paradoxe pourront être tentés de reprendre à leur compte une maxime émise par certains auteurs (non des moins respectables), et qui, si elle était recevable, aurait l'avantage de supprimer à peu près toute simonie : *il est permis de mettre en pacte tout ce qui sans pacte serait honnête.* Quoi de plus honnête que de faire l'aumône à un prêtre qui a besoin de ressources pour soi ou pour ses œuvres ? Quoi de plus honnête pour le prêtre que de faire au prochain la charité de célébrer pour lui ? Par conséquent ces deux bonnes actions peuvent se souder l'une à l'autre par un pacte entraînant obligation de justice contractuelle. Ce sera honnête ; ce ne sera donc pas simoniaque. Mais qui ne voit que le même raisonnement, s'il était valable, vaudrait pour tous les sacrements, pour les indulgences, etc. ? Très honnête, l'aumône faite au prélat ; très honnête, l'indulgence concédée par le prélat ; donc honnête aussi le pacte qui lierait l'une à l'autre. Non point, dit l'Église, mais simoniaque. De même, très honnête, l'aumône faite à ce prêtre ; et de même très honnête, le sacrement, soit de pénitence, soit d'extrême-onction, soit tout autre, administré par un prêtre : donc honnête aussi le lien contractuel entre les deux. Simoniaque, dit l'Église, et simoniaque de droit divin ; donc non pas illicite parce que prohibé, mais prohibé parce qu'illicite. L'Église ne se reconnaît pas le droit d'autoriser une pareille convention. Les Conciles, comme on le verra plus loin, ne laissent là-dessus aucun doute. C'est que bien différent de l'interprétation qu'on voudrait lui donner est le sens légitime de la maxime invoquée. Assurément il est toujours licite de mettre en pacte GRATUIT tout ce qui sans pacte serait honnête. Est-il toujours licite de le mettre en pacte ONÉREUX ? Cela dépend de la qualité des prestations envisagées. Si antécédemment à tout pacte, elles peuvent être regardées honnêtement comme échangeables, alors oui ; autrement non. Mais réduit à ces termes le principe invoqué ne nous avance pas. Il faut donc chercher autre chose.

Dira-t-on, pour supprimer toute difficulté, qu'il s'agit d'une réciprocité de donations gratuites ? Mais cette solution de Scot est aujourd'hui démentie par toute la législation ecclésiastique, qui affirme l'existence d'un contrat de justice[1]. Alors ajoutera-t-on que la reconnaissance envers ceux qui nous font un bien spécial crée des devoirs spéciaux ? Assurément rien de plus légitime que de témoigner ma reconnaissance par un présent à un prêtre que je saurais m'avoir fait bénéficier du suffrage de sa messe. Rien de plus légitime encore pour un prêtre que de me faire cette grâce en reconnaissance d'une libéralité dont je l'aurais avantagé. Mais ce n'est pas là encore une fois le contrat de messe, dont le lien est la justice, la stricte justice, et non cette dette large, cette obligation incomplète, qui résulte d'un bienfait reçu. Quant à supposer que la gratitude pourrait m'autoriser à aller plus avant, et par sa propre vertu innocenter ou colorer une convention que je passerais à titre onéreux avec le prêtre, mon bienfaiteur spirituel, ou lui avec moi, son bienfaiteur temporel, cela équivaudrait à dire que la reconnaissance pourrait aussi légitimer le contrat de justice entre prêtre et fidèle en matière de sacrements ou d'indulgences, ce

---

1. Can. 824, § 2 : « ex titulo iustitiae ».

qui est évidemment faux[1]. Sans compter que la gratitude s'affaiblit et tend même à s'annuler en faisant passer à l'état d'article d'échange ce qui était ou son fondement ou son expression : le bien qui m'a été fait, ou celui que je fais en retour. Alors, en fin de compte, s'abstiendra-t-on de qualifier les deux termes de cet échange ? C'est ce que font certains théologiens, qui enseignent d'une part que l'application de la messe consiste en ce

1. Il est très vrai que les fidèles doivent, par reconnaissance au moins, subvenir aux besoins de ceux qui leur dispensent les choses saintes. *Dignus est enim operarius mercede sua.* Mais cela n'autorise pas les ministres sacrés à échanger avec les intéressés un consentement à titre onéreux (toutes indemnités mises à part) relativement à la confection des sacrements, par exemple du baptême, de la pénitence, de l'ordre, de la confirmation, de l'extrême-onction. *Gratis accepistis, gratis date.* Les deux aspects de cette convention, *do ut facias, facio ut des*, sont interdits respectivement au fidèle et au prêtre ; et cela, par le droit divin, qui dans l'espèce n'est autre que le droit naturel.

Dira-t-on que je puis m'engager à prêcher contre engagement d'une rémunération ? Mais, outre que la prédication est dans un cas spécial, parce que tout sermon suppose un travail de préparation immédiate, qui peut me prendre plusieurs jours, qui prend quelquefois plusieurs semaines, et qui de soi est un travail naturel, et non pas une activité spirituelle d'ordre surnaturel ; d'où double titre à contrat : premièrement ment rémunération de ce travail (c'est pourquoi

que le prêtre, en retour de la contribution des fidèles à son entretien, leur fait l'abandon d'un fruit qu'il aurait pu garder pour lui, ou inversement ; d'autre part, que le lien de réciprocité entre ces deux termes est un lien de justice : et quand vous attendez le nom de ce contrat, qui en a un en toute langue, il ne vient pas.

S. Thomas, parlant des prédicateurs, dit fort justement « Stipendia... debentur... operi et labori », *Quodlib.*, 7, 18) ; deuxièmement compensation des frais d'entretien ou autres qu'il entraîne *(damnum emergens)* et du manque à gagner *(lucrum cessans)* ; outre cette différence, il y en a encore une autre, c'est que celui qui engage ma prédication ne se procure pas par contrat un bien spirituel. Il pourra peut-être ne pas y assister lui-même, et par conséquent n'en rien tirer pour soi, bien que le public en ait grandement profité. Il pourra encore y assister, et néanmoins (si bien disposé qu'il soit) n'y trouver personnellement aucun avantage spirituel : par exemple, s'il est sourd, ou distrait, ou ne comprend pas ma langue, ou manque de la préparation intellectuelle voulue pour saisir mes développements, ou si pour une raison ou pour une autre, mon genre ne prend pas sur lui. Qu'il y ait profit, ou qu'il n'y ait pas profit pour son âme, qu'une utilité d'ordre surnaturel ait été été ou n'ait pas été acquise par le contractant, le contrat en matière de prédication reste tout ce qu'il est. Il en va autrement, dès qu'entre en jeu l'*opus operatum* des sacrements, ou l'*opus operatum* propre au sacrifice, AU PROFIT DU CONTRACTANT (ou d'une personne subrogée). Dans ce cas, le contrat ne subsiste en effet que moyennant l'attribution au contractant (ou à son ayant-droit) d'un avoir spirituel. C'est là qu'est toute la difficulté.

Tout ce qui vient d'être dit du contrat *do ut facias* vaut aussi de la donation modale, qui ne serait dans l'espèce qu'un composé de deux contrats : donation gratuite, et *do ut facias :* le second de ces deux contrats devant à son tour se décomposer (comme ci-dessus) en deux autres, dont l'un serait *do ut des*[1].

Il n'est personne qui ne sente que nous

---

1. Comme le fait remarquer LAYMANN (*Theologia Moralis*, l. IV, tract. 10, cap. VIII, § 2, n. 11) : « En soi, ce n'est pas simonie que de promettre, donner ou léguer à quelqu'un une chose temporelle, estimable à prix d'argent, sous cette condition et ce mode que l'autre fasse une bonne œuvre spirituelle... Exemple : des parents qui promettent des cadeaux à leurs enfants, s'ils fréquentent les sacrements ». Mais c'est sous cette réserve : « que la condition apposée ne soit pas de donner ou de faire quelque chose pour l'utilité [spirituelle] de celui qui a fait le don ou la promesse, ni de telle autre personne qui tiendrait sa place (ut conditio non sit de dando vel faciendo aliquid in utilitatem dantis aut promittentis, sed neque alterius personae cuius ille quasi vicem subeat). Car autrement, la transaction se changerait par le fait en contrat d'échange, au moins innommé, et, dans le cas d'œuvre spirituelle échangée pour un bien temporel, en contrat simoniaque... Il faut bien prendre garde à cette réserve, pour ne pas tomber dans la 45e des propositions condamnées par Innocent XI : *Dare temporale pro spirituali non est simonia, quando temporale non datur tanquam pretium, sed duntaxat tanquam motivum conferendi vel efficiendi spirituale ; vel etiam quando temporale sit solum gratuita compensatio pro spirituali, aut contra.* »

sommes en présence d'une grande difficulté[1]. Parce que tout contrat *do* (tibi) *ut facias* (mihi) contient, en ce qui regarde l'application de la messe, un contrat *do ut des*, lequel est inadmissible, étant donné qu'il serait simoniaque, il faut bien chercher autre chose. Mais de plus, quand même on arriverait à réduire ce contrat de vente proprement dite, il resterait que tout contrat *do* (tibi) *ut facias* (mihi), par lequel se formerait un lien de réciprocité en stricte justice[2] entre ma rému-

1. « Difficultas tamen non levis est in reddenda ratione qua possit hoc excusari a labe simòniae » (LUGO, *De Sacramento Eucharistiae*, disp. 21, n. 1). Un des derniers qui aient écrit sur cette matière, le R. P. G. ARENDT, s'exprime d'une manière encore plus forte : « Omnibus notum est in scholis quot et quantis difficultatibus implicata existat quaestio de modo eximendi a labe simoniae iur. div. obligationem iustitiae commutàtivae ortam... ex contractu particulari intercedente inter offerentem et acceptantem stipendium pro missa manuali » (*op. cit.*, n. 41). Chaque auteur en cette matière est naturellement amené à présenter sa solution comme la seule qui réussisse à éliminer la simonie. C'est ainsi qu'au sujet de la sienne, qui sera signalée plus loin, le R. P. Arendt écrit : « Haec igitur esse videtur sola explicatio illius salebrosi problematis de simonia excludenda », etc. (n. 49).

2. Il en irait autrement, s'il ne s'agissait pas d'une obligation de stricte justice, mais d'une réciprocité gratuite, ou d'une pure dette de reconnaissance, ou encore d'une obligation de pure obéissance à la loi écrite ou coutumière. C'est en ce sens que le

nération et la célébration avec application de la messe à mon profit, constituerait encore un pacte simoniaque, de ce seul chef qu'il impliquerait un échange, c'est-à-dire une corrélation à titre onéreux, entre une prestation temporelle et une contreprestation spirituelle[1].

Que la difficulté soit grande, c'est ce dont témoigne l'histoire, et ce qu'il ne sert à rien de nier, puisque depuis des siècles les canonistes ainsi que les théologiens ont essayé les solutions les plus variées, sans arriver à se convaincre les uns les autres de la justesse ou de l'innocuité de leurs conclusions. Les uns n'arrivent pas à mettre sur pied un rapport de justice stricte ; les autres y réussissent si bien qu'ils restent sans défense contre le grief de simonie. Voici par exemple Van Espen[2]

Canon 730 a pu dire avec toute la tradition canonique : « Non habetur simonia, cum temporale datur non pro re spirituali, sed *eius occasione*, ex iusto titulo a sacris canonibus vel a legitima consuetudine recognito ».

1. Can. 728.
2. *Ius Ecclesiasticum universum*, pars 2, tit. 5, 6, 14, 1 : « Sicut laici illud [honorarium] tanquam Deo acceptam oblationem sacerdoti offerre debent, ita quoque illud sacerdotes non tanquam pretium missae sed ut *voluntariam* oblationem *grato* animo accipere tenentur : unaque ostendere se velle Deo *voluntarie* sacrificare ». Chose curieuse, NOEL ALEXANDRE nous sert exactement la même phrase (avec des variantes insignifiantes) dans sa *Theologia Dogmatica et Moralis*, lib. 2, *De simonia*, reg. 35 (édition de Venise, 1768, p. 523). Les deux auteurs écrivirent plus ou

qui vous dira : « De même que les laïcs doivent offrir l'honoraire au prêtre comme une oblation agréable à Dieu, de même aussi les prêtres sont tenus de le recevoir avec reconnaissance, non comme le prix de la messe, mais comme une oblation volontaire, et en même temps de témoigner qu'ils ont l'intention de sacrifier à Dieu volontairement ». C'est très édifiant ; mais cela ne recouvre pas la réalité, beaucoup plus juridique, de la transaction entre prêtre et fidèles. On est plus tenu que cela, de part et d'autre. D'autres, sentant l'insuffisance de cet entrecroisement de libéralités réciproques, y ajoutent je ne sais quelle loi positive par laquelle l'Église interdirait au prêtre de s'approprier le don gratuit du fidèle, tant qu'il n'aurait pas de son côté répondu à cette générosité par l'application d'une messe. Où a-t-on vu pareille loi, interdisant aux prêtres d'accepter des cadeaux s'ils ne disent pas des messes en retour ? — Ah, mais on entend parler de certains cadeaux seulement, qui ont été donnés en vue d'une messe à

moins à la même époque. L'un aura copié l'autre, ou tous les deux auront copié un tiers. Ni l'un ni l'autre ne met de guillemets. La priorité serait facile à décider pour qui aurait sous les yeux l'édition princeps de Noël Alexandre (1693), qui est antérieure à l'ouvrage de Van Espen. A défaut de ce critère extrinsèque, les critères intrinsèques suggéreraient plutôt l'antériorité de Van Espen.

obtenir. — Tout est dans ce mot *en vue*. S'agit-il d'une libéralité pure et simple, absolue, non conditionnelle, mais faite dans l'espoir que le prêtre par reconnaissance célèbrerait en notre faveur ? On peut affirmer hardiment qu'aucune loi de l'Église n'invalide l'acceptation et l'appropriation de pareil don, pour manque de célébration et d'application. S'agit-il d'une donation libérale encore, mais à laquelle aurait répondu spontanément de la part du prêtre une promesse, ne l'engageant qu'au seul titre de la fidélité, sans qu'aucune corrélation se soit établie entre don et promesse[1] ? Ici encore, on peut affirmer que l'Église n'a jamais superposé à une simple obligation de fidélité gratuitement[2] contractée, une disposition lé-

1. C'est précisément le cas qu'envisage BUCCERONI (*Institutiones theol. mor.*, 5, t. 2, n. 632, p. 223), non pas comme type de la transaction courante entre prêtre et fidèles, mais au contraire comme en différant essentiellement, et par conséquent chose permise, là où l'autre, en vertu d'une disposition particulière et restrictive du Droit, ne serait plus possible : par exemple en ce qui concerne (sauf dispense) les religieux de la Compagnie de Jésus.

2. Cette gratuité est supposée sincère et non douteuse ; c'est l'hypothèse même de l'adversaire. Si elle n'était que feinte et illusoire, alors on aurait en réalité, sous couleur de libéralités s'entrecroisant un contrat de justice : qui est ce que l'adversaire veut écarter. C'est le cas de se rappeler ce qu'écrit LAYMANN (*Theologia Moralis*, l. IV, tract. 10, cap. VIII, § 2, n. 9 et 10) : il y a contrat de justice, en réalité, sinon

gislative, suspendant jusqu'à exécution de la promesse l'effet d'une donation qui ne lui est point liée, mais reste entièrement gratuite. La supposition d'une pareille loi est d'une gratuité absolue, au moins autant, et même plus, que les donations elles-mêmes auxquelles elle prétend s'appliquer.

en paroles, lorsque deux individus traitent de la façon suivante : « Dono tibi pecuniam, seu aliam rem pretio aestimabilem, tali conditione seu modo ut mihi vicissim ex gratitudine praestare debeas rem aliquam spiritualem » ; ou inversement : « praesto tibi hanc rem vel officium spirituale ea tamen conditione ut obliges te ex gratitudine mihi praestaturum donum aliquod spirituale ». « Car, poursuit Laymann, bien que ces conventions soient formulées en termes de donation ou de récompense, elles sont néanmoins en fait des échanges simoniaques (reipsa simoniacae permutationes existunt). Cela ressort d'abord de la parité suivante. Si quelqu'un me demande de lui faire cadeau d'un livre, et que je lui réponde : volontiers, mais à condition que vous me fassiez cadeau d'une épée, il y aura par le fait même échange, et non donation libérale. Ensuite cela se prouve par raison ; car le don d'une chose n'est pas gratuit, mais onéreux et réciproque, donc non pas donation, mais échange, quand l'auteur du don ne confère à l'autre le droit de se l'approprier, qu'à condition d'en recevoir en retour quelque autre objet, dont l'autre, sans cette convention positive et spéciale, n'était point obligé de se dessaisir... Mettre en pacte la dette de gratitude, c'est introduire une nouvelle obligation, une nouvelle charge, estimable à prix d'argent... Au surplus, à soutenir le contraire, on devrait en venir à cette conclusion : qu'il n'y a pas de simonie... qui ne puisse

Il y aurait en outre cette difficulté que fait remarquer Lugo (disp. 21, n. 3) : c'est que dans le cas où le versement effectif n'aurait pas précédé la célébration, mais seulement un engagement de s'en acquitter quand la messe serait dite (ce qui est courant), le fidèle après coup ne serait tenu à rien en justice, puisque l'engagement pris ne serait par hypothèse qu'une simple promesse, toute gratuite[1], de faire plus tard une donation entièrement libérale. Or personne ne doute que dans le contrat quotidien de messe il soit tenu en justice : et ce n'est pas cette fois l'Église qui intervient pour invalider le droit de propriété qu'il a et serait censé avoir conservé sur ses biens.

Voilà par contre Laymann, qui ne craint pas de faire intervenir un contrat de louage, portant sur le travail intrinsèquement connexe

se pallier par une formule de ce genre. Je pourrai toujours dire : Je vous donnerai cette chose spirituelle gratuitement et libéralement, mais à condition qu'en retour vous vous obligiez vous-même à me faire une donation en argent par reconnaissance... Ce qui ne serait pas autre chose que d'ouvrir la porte toute grande à la simonie de droit divin ». Voir plus loin LUGO.

1. A moins, bien entendu, de supposer qu'il se sera engagé en justice pour la messe une fois dite. Mais alors, comment peut-on encore soutenir qu'il n'y a pas corrélation et réciprocité onéreuse entre le temporel et le spirituel ? Outre que l'hypothèse se trouve changée

à la célébration de la messe (« labor seu defatigatio corporis quae per se ac necessario coniuncta est cum sacro ministerio, puta celebratione missae », *op. cit.*, 1. 4, tract. 10, cap. 8, § 5, n. 41), pour autant que ce travail est subordonné non pas à sa fin spécifique, qui est d'essence spirituelle, mais à sa fin générique, qui est de rendre un service[1]. Mais le malheur est que la fin générique se réalise essentiellement et exclusivement dans sa détermination spécifique d'utilité spirituelle et que c'est le même rapport par conséquent, identiquement le même, qui relie l'action à l'une et à l'autre. Rémunérer le travail en tant qu'ordonné au service, c'est donc rémunérer proprement le travail en tant qu'or-

---

1. « Existimo Doctores... non dissentire, ac facile conciliari posse, si dicatur : quod operatio et labor corporis, in spiritualibus ministeriis ad alterius gratiam voluntatemque susceptus, duobus modis considerari possit : vel in ordine ad opus spirituale, secundum propriam et specificam eius rationem utilitatemque ; vel in ordine ad operantem secundum genericam rationem operis aut servitii in alterius gratiam praestiti... Cum enim omnibus aliis operantibus ad alterius voluntatem necessaria sustentatio naturali iure debita sit, cur non etiam iis qui in spiritualibus ministeriis occupantur ? Quia tamen sustentatio ista non commensuratur valori, dignitati utilitatique operis secundum propriam specificam rationem suam, ideo non potest appellari pretium sive aestimatio operis nisi improprie et abusive » (*ibid.*, n. 42).

donné à la fructification en faveur du fidèle[1]. A cela reste applicable ce que Suarez[2] (*De Simonia*, cap. 21, n. 8 et 9) écrit du labeur intrinsèque en général : « Concluons, dit-il, que l'œuvre et le travail susdit ne sont pas estimables à des prix différents, mais ou bien à un seul et même prix, ou pas du tout... Si donc l'œuvre n'est pas estimable à prix

1. Le R. P. Arendt (*op. cit.*, n. 47-50) s'est attaché à perfectionner la solution de Laymann moyennant une distinction fort subtile entre l'aliénation en soi d'une liberté (la liberté de ne pas célébrer aux intentions de tel fidèle qui vient me demander une messe) et la direction positive que prend mon libre vouloir vers la prestation d'un service spirituel. On rémunère l'aliénation de la liberté ; on ne rémunère pas le service ni la volonté de rendre service. Mais en vérité, qui se soucie du premier terme, sinon en vue du second ? Quel fidèle aura cure de cette aliénation de la liberté sacerdotale, sinon, et exclusivement, en tant que tournée vers la prestation qu'il attend ? Les deux termes sont indivisiblement joints dans l'intention du contractant, et, s'il y en a un qui prime, c'est le second. De plus, quelle simonie, en matière de sacrements, d'indulgences, etc., ne pourrait s'autoriser de cette prétendue rémunération d'une aliénation de la liberté ?

2. « Concluditur opus et laborem dictum non esse aestimabilia duplici pretio, sed uno et eodem, vel nullo... Unde fit quod si opus non sit pretio aestimabile, nec labor hic per se illi adiunctus sit aestimabilis pretio... Quapropter, qui distinguunt in operibus sacris opus et laborem, et fatentur opus esse invendibile, laborem autem vendibilem, repugnantia dicunt ».

d'argent, qu'on en dise autant du travail indissolublement conjoint... C'est pourquoi ceux qui distinguent, dans les choses sacrées, entre l'œuvre et le travail, soutenant que le travail, sinon l'œuvre, peut se vendre, disent quelque chose de contradictoire ».

La conséquence, c'est que Suarez n'a pas craint d'avancer un contrat formel *do ut facias*, portant directement sur l'application de la messe. « Nous nous trouvons donc, dit-il, en présence d'une vraie raison de justice, fondée sur un consentement mutuel, onéreux de part et d'autre, lequel se définit en ces termes *do ut facias*. Or c'est là un titre de justice[1] ». Cette doctrine a été reprise de nos jours par le cardinal Gasparri. « Il y a, écrit l'éminent canoniste, entre le prêtre et le fidèle un contrat innommé, *do ut facias*, c'est-à-dire : je donne une sustentation partielle, représentée par le *stipendium*, pourvu que vous célébriez et appliquiez pour moi la messe ; ou *facio ut des*, c'est-à-dire : je célèbre et applique la messe pour vous, pourvu que vous me donniez une sustentation partielle[2] ». Et on se

---

1. « Intervenit ergo ibi vera ratio iustitiae fundata in mutuo consensu utrinque oneroso, qui explicatur illis verbis, *do ut facias*. Hic est autem titulus iustitiae » (*De sacram. eucharistiae*, disp. 86, sect. 1).

2. « Est igitur inter sacerdotem et fidelem contractus innominatus *do ut facias*, seu do partialem

hâte d'ajouter : « Ce contrat n'est pas simoniaque de droit divin, parce que le *stipendium*, représentant la partielle sustentation du prêtre, n'est pas le prix de la messe ou du *fructus medius*, mais EST NÉCESSAIRE AU SACRIFICE DEMANDÉ, comme il a été expliqué plus haut[1] ». Ainsi je me procure contre argent le fruit de la messe, par un contrat qui lie en justice l'acquisition de ce fruit à un versement, lequel a pour objet immédiat votre entretien. Et cela ne sera pas un marché ? Et cela ne sera pas simonie ? Pourquoi ? parce que cette contribution est nécessaire au sacrifice. A quel titre est-elle nécessaire ? Par hypothèse (si je veux) vous êtes déjà amplement bénéficié. Vous n'avez nul besoin de ma contribution pour vivre. Elle ne vous est donc pas due antécédemment. En avez-vous besoin pour célébrer ? Nullement, vos revenus ecclésiastiques sont plus que suffisants pour couvrir vos frais (il ne s'agit pas de frais exceptionnels et adventices). — Mais je suis occupé à votre

sustentationem stipendio repraesentatam, dummodo pro me celebres et applices missam ; vel *facio ut des*, seu celebro et applico Missam pro te, dummodo des partialem sustentationem » (*Tract. canonic. de s. eucharistia*, n. 542).

1. « Quia stipendium, repraesentans partialem sacerdotis sustentationem, non est pretium Missae, seu fructus medii, sed est necessarium ad sacrificium quod petitur, ut supra explicatum est ».

avantage ; j'entends me dépenser pour vous gratuitement, et non pour argent ; néanmoins j'ai droit d'exiger que vous me fournissiez ce qui est nécessaire pour l'accomplissement de ce service. Comme un peintre, qui décore gratuitement vos murs, ne laissera pas que de les décorer gratuitement, s'il vous demande de lui fournir pinceaux et couleurs. Eh bien, je vous demande de me fournir non seulement le matériel du culte, et la matière du sacrifice, mais aussi mon entretien de ce jour. — Cela est spécieux ; mais spécifions, s'il vous plaît, qu'il s'agira d'un peintre qui n'a point à voyager pour venir chez moi : nous habitons porte à porte. Et maintenant, si mon peintre (première hypothèse), outre le pinceau et les couleurs nécessaires pour badigeonner mes murs, me demandait encore de lui donner à dîner, je ne pourrais plus regarder son service comme tout à fait gratuit ; mais si (deuxième hypothèse) cette invitation à dîner était exigée pour un travail non pas d'une journée mais d'une demi-heure, je commencerais à trouver que la gratuité devient nulle. C'est ainsi que mon jardinier ne pourra pas se vanter de travailler gratuitement pour moi, si pour le travail d'une journée, il me demande l'entretien d'une semaine. Ces gratuités sont onéreuses. Dans la première hypothèse il y aurait de la part du peintre prestation mi-partie gratuite, mi-partie rétribuée ; et dans la seconde hypothèse il y aurait prestation adéquatement rétribuée. De même lorsque vous me demandez outre vos débours (en y comprenant, s'il y a lieu, dommage subi et perte à gagner, *damnum emergens et lucrum cessans*) une contribution à votre entretien ordinaire, la gratuité est entamée; et lorsque pour votre « occupation » d'une demi-heure vous réclamez l'équivalent du repas quotidien, j'estime que l'évaluation n'est pas à votre désavantage[1], et que vous êtes bien payé[2];

1. On peut appliquer à ceci, ce qu'écrit LUGO contre la rémunération du labeur intrinsèque : « Licet aliquando interveniat labor fortasse dignus tali stipendio, regulariter tamen non est talis ; et saltem de possibili non est dubium : nam, secluso Ecclesiae praecepto, posset celebrari solum consecrando et sumendo utramque speciem, quod totum in uno temporis minuto fieri commode posset. Qui labor certe secundum se non esset dignus stipendio tali quale pro Missa datur... Sic dando pro labore Missae stipendium excedens absque proportione valorem ipsius laboris, praesumetur dari pro valore sacrificii quod coniungitur illi operi seu labori » (Disp. 21, n. 12).

2. Dira-t-on : Non pas, parce que la valeur de la messe dépasse toute estimation humaine; le prêtre n'est donc pas payé au prix du service rendu ? Mais le principe invoqué vaudrait pour toute chose spirituelle en comparaison de toute chose matérielle ; et s'il suffisait à écarter la simonie, la simonie n'existerait jamais ; elle n'aurait pas besoin d'être prohibée. Or elle existe, de par le fait qu'on négocie soit une chose spirituelle, soit une chose temporelle intrinsèquement liée à la chose spirituelle, pour un

mais de gratuité je n'en vois plus (notons
en passant que la messe privée, qui dure
maintenant une demi-heure, durait beaucoup
moins longtemps autrefois, avant qu'on y
eût ajouté les emprunts faits aux stations
romaines). On invoque le principe de saint
Alphonse : « Unusquisque qui in commodum
alterius se occupat, debet ex iustitia ab eo
sustentari ». Assurément, dans les choses
humaines, l'employeur doit à l'employé (le
patron à l'ouvrier, le maître au serviteur,
ajouterons-nous le client à son médecin ou à
son avocat ?) tout au moins un salaire vital,
et cela en stricte justice. Mais le salaire vital
reste un salaire, c'est-à-dire précisément le
payement d'un prix pour un service rendu.
Il ne laisse pas subsister la gratuité, ni chez

avantage temporel quelconque : étant entendu que
la chose spirituelle (par exemple l'application de la
messe) entre, ne fût-ce que pour une part, dans l'objet
du contrat, ou que la chose temporelle (par exemple
votre « occupation ») ne peut s'isoler de la chose
spirituelle. La simonie existe par le fait même, sans
qu'ait besoin de venir s'adjoindre la prétention
absurde, contradictoire, et nécessairement étrangère
à tout esprit tant soit peu cultivé, d'égaler le prix
temporel à la valeur spirituelle. Autrement je pourrais
faire tous les contrats les plus simoniaques sans encourir le péché de simonie, rien qu'en me disant :
Mais je sais bien que le service qu'on me rend vaut
mieux que ce que je donne en échange. Cette
remarque a déjà été faite plus haut. Mais l'insistance
n'est pas superflue.

le peintre, ni par conséquent chez le prêtre, si le cas du second doit être apparié au premier.

L'exemple du peintre est emprunté par le Cardinal Gasparri (n. 541) au cardinal de Lugo (disp. 21, n. 13), qui le présente avec un art habile des gradations. D'abord le peintre a fait un vœu de gratuité. Quand il me demande les instruments et matériaux de son art, il ne viole pas son vœu ; autrement dit, il ne me vend pas son travail. Mais le voilà qui s'avise qu'il ne peut pas continuer à peindre sans introduire dans son régime certains adjuvants spéciaux (« si ipse ad laborum cibo vel potu PECULIARI indigeret »). Je commence à m'inquiéter. Mais cependant il faut bien avouer que si l'exercice de la peinture affecte son état physique (il est question de cela dans une certaine comédie où les couleurs font du mal), il y a lieu d'en tenir compte ; nous lui donnerons donc le cordial et les phosphates qu'il réclame : et son vœu sera encore intact. Voilà le terme de la comparaison. Maintenant voici la contrepartie : « Sic ergo sacerdos ». Le prêtre ne violera pas le précepte du Christ, qui a dit : « donnez gratuitement ce que vous avez reçu gratuitement », lorsqu'il exigera ce qui est nécessaire à l'accomplissement de son ministère, « necessaria ad ministerium exsequendum ». « Inter illa autem... unum et potissimum est ipse sacerdos ». Parmi ces choses nécessaires, il y a en première ligne le prêtre ; mais entendez le prêtre sustenté et dispos : « nec potest sine ipso sustentato et bene disposito ». Et par conséquent tout restera gratuit, comme chez le peintre, si le prêtre exige qu'on lui fournisse « persona sacerdotis sustentata » (n. 18). Ainsi il ne s'agit plus maintenant d'un trouble spécial que l'exercice de la profession apporterait dans l'organisme, nécessitant quelque extra. Non, c'est la substance même de l'entretien, telle que vous auriez à vous la procurer en tout état de cause, que vous travailliez ou que vous ne travailliez pas pour moi, c'est cet émolument qu'on finit par faire passer par une porte, qui ne s'était entrebaillée que pour des indemnités. Que diraient les auteurs de cette théorie, si un prêtre s'avisait de l'appliquer à la confession, au baptême, un prélat à la confirmation, à des concessions d'indulgences ? Moi, je confesse, moi, je confirme ; mais à une condition : c'est que pour chaque confession vous me donnerez à dîner ; de même pour chaque concession d'indulgences ; de même, chacun de ceux que je confirme me devra ma réfection. Et entendez bien, tout cela en stricte justice ; tout cela à titre onéreux de part et d'autre. Point de ces oblations qui ne seraient dues qu'à titre d'obéissance à la loi, non pas en retour mais

à l'occasion du ministère[1]. Je veux de ces
dettes qui vous obligent à restitution, vous,
vos héritiers ou ayants-cause, sans qu'aucune
puissance, pas même celle du législateur,
puisse vous délier de cette obligation. Vous
parlez de simonie ? Mais ne savez-vous pas
que pour confesser, j'ai besoin d'un confesseur
sustenté et dispos ? M'est avis que cela est
plus juste encore que pour la messe, car enfin
le confesseur, lui, n'est pas obligé d'être à
jeun. A tel raisonnement nul doute que ne
s'oppose de la part de tous canonistes une
absolue fin de non-recevoir[2]. Mais enfin, le

1. Encore une fois, celles-là sont permises, sans
difficulté, comme le fait remarquer S. THOMAS (2-2,
100, 2, 4^m), « si... intentio referatur ad solam consue-
tudinis observantiam, et praecipue quando aliquis
voluntarie solvit ». Encore faut-il même alors prendre
garde à l'apparence de simonie *(ibid.)* pour observer
le précepte de l'apôtre ; *ab omni specie mala abstinete
vos.* Mais une coutume qui autoriserait l'échange
à titre onéreux, et par conséquent le lien de justice
proprement dite, serait une coutume damnable, n'ex-
cusant en rien de la simonie *(ibid.).*

2. Espérons-le du moins, bien que dans le passé il
ne soit pas impossible de signaler des auteurs moins
regardants : tel SÉBASTIEN GIRIBALDI, *De Simonia,*
cap. 2, n. 37 *(Opera Moralia,* Bologne, 1760, tom. 4,
col. 672) : « Respondeo posse ministrum pro adminis-
tratione sacramentorum et rerum spiritualium petere
et recipere stipendium sustentationis et de eo pacisci ».
S. THOMAS, lui, est si formel en sens contraire, qu'il
ne lui paraît pas permis de payer un prêtre pour

principe serait le même, de part et d'autre. Et si le principe exclut la simonie de droit divin ici, pourquoi ne l'exclut-il pas là ? ou inversement, s'il est inefficace dans un cas, comment serait-il efficace dans l'autre ?

Ce sont là des choses qui empêchent l'esprit d'être accoisé. Faut-il ajouter que le cardinal Gasparri (n. 542), avec une méritoire franchise, avoue que le contrat de messe serait au moins entaché de simonie ecclésiastique, si l'Église, en l'approuvant, ne l'avait par le fait même soustrait à l'action de la loi[1] ? Cette confession souligne et accen-

baptiser, même dans le cas d'absolue nécessité, tel que le danger imminent de mort. S'il s'agit d'un enfant en bas âge, que le laïc le baptise plutôt lui-même. S'il s'agit d'un adulte, et qu'il n'y ait d'autre ministre possible du baptême que ce prêtre vénal, passez-vous du baptême, en vous fiant à la suppléance du désir (2-2, 100, 2, 1^m). S. Thomas n'envisage pas le cas où celui qui veut faire baptiser l'enfant ne saurait pas la formule sacramentelle. Il paraît évident que dans ce cas, qui est le seul vrai cas d'absolue nécessité, on pourrait payer le ministre indispensable ; ce qui équivaudrait à se libérer d'une injuste vexation, puisque le baptême est alors rigoureusement dû à l'enfant mourant par quiconque se trouve être le seul capable de le lui administrer : dans l'espèce, par le prêtre ; qui, en refusant, commet un acte vexatoire et injuste, dont il est toujours permis de se garder moyennant argent (quitte à lui faire rendre gorge après, quand on pourra). Voir sur ce dernier cas, CAJÉTAN, in h. l.

1. « Equidem Ecclesia prohibuit, etiam praeter

tue ce que recéle d'inélégant et de troublant une solution par ailleurs aussi artificielle que laborieuse ; disons le mot, pénible, dans tous les sens du mot. L'esthétique et la simplicité sont des critères au moins négatifs de la vérité théologique ; et ici ils détournent du contrat *do ut facias*, comme aussi bien du contrat de louage, ou encore de la donation modale, qui se résoudrait nécessairement, en partie du moins, dans l'un ou l'autre de ces deux systèmes.

Mais peut-être qu'après tout ces contrats de justice seraient encore moins déplaisants que certaine prétendue gratuité. Ils ont le mérite de la sincérité, que celle-ci pourrait remplacer quelquefois par de fausses apparences, sur lesquelles Lugo s'exprime sévèrement. Visant ces donations, plus entrelacées encore qu'entrecroisées, dans lesquelles l'un fait cadeau à l'autre, mais à condition que l'autre fasse l'abandon du fruit de sa messe : «De cette manière, écrit-il, on pourrait pallier n'importe quelle simonie en quelque matière que ce soit. Je pourrai toujours dire : Je te donne cet argent ; ce n'est pas un paiement, c'est une donation spontanée ; mais

ius divinum, quemlibet contractum in spiritualibus, qui proinde redolet simonia, si non iuris divini, saltem iuris ecclesiastici ; sed Ecclesia, probans eleemosynas Missarum, eo ipso ab hac prohibitione excepit celebrationem et applicationem Missae ».

c'est à condition tout de même que tu me
donnes tel sacrement, ou des reliques, ou
un bénéfice, etc. La condition une fois réalisée,
la donation aurait son effet. Ce qui montre
que l'on ne peut dans cette manière de pro-
céder faire abstraction du prix ; car toutes
les fois qu'il y a une condition, et que cette
condition est visée comme la fin en vue de
laquelle je veux donner quelque chose à celui
qui l'aura exécutée, ce n'est pas gratuitement
que je donne, mais en raison de ce que donne
l'autre : or c'est là un contrat onéreux, *do ut
des, facio ut facias* » (disp. 21, n. 4.) Lugo a
raison ; et comme il n'est pas douteux que
les fidèles par leur stipendium visent à s'assurer le bien de la messe, il est indubitable
aussi que la prétention à la gratuité ne serait
qu'un masque destiné à faire passer une convention onéreuse sous les dehors d'une libéralité réciproque ; et que par conséquent à
toutes les difficultés de cette convention
onéreuse s'ajoute celle de l'insincérité.

Et nous voilà donc au rouet. *Utrinque
ambages.* D'un coté, ou pas d'obligation de
justice, ou obligation dissimulée ; de l'autre,
obligation de justice franche et avouée, mais
sans possibilité d'échapper à la simonie. Et
pourtant une chose est bien certaine, sur
laquelle l'accord est unanime entre théologiens et canonistes, ou plutôt sur laquelle
l'enseignement de l'Église est formel. Le

contrat de messe, le contrat relatif à l'application de la messe, est honnête, et nullement simoniaque ; et c'est une convention onéreuse, obligeant les deux parties en stricte justice. Voilà même la seule chose sur laquelle on soit d'accord. C'est plus qu'une opinion commune ; c'est une certitude qui touche à la foi. En dehors de cela, aucune certitude théologique, aucune opinion commune. On a pu s'en convaincre : il n'y a que positions en conflit, se reprochant mutuellement leur insuffisance ou leur excès. On est donc parfaitement libre, non pas seulement d'opter entre ces diverses hypothèses, mais encore de n'en choisir aucune : et, ce faisant, on ne s'écartera pas de l'opinion commune, qui n'existe pas. Le champ est libre pour autre chose.

II

Au point de départ de notre enquête mettons ceci : c'est que le sacrifice eucharistique, à regarder la chose offerte (le sacrifice passif), est bien EN RÉALITÉ le corps et le sang de Jésus-Christ, et rien de plus. Cela suffit. Mais le point de vue de la réalité est-il le seul ? Non, il y a aussi le point de vue des apparences. Au point de vue des APPARENCES, notre sacrifice est un sacrifice de pain et de

vin, une répétition du sacrifice de Melchisédech. Et bien que l'apparence n'entre pas
dans la réalité, elle est essentielle néanmoins,
à titre de symbole, pour que la réalité soit
entre nos mains, et soit notre sacrifice : car
le corps et le sang de Jésus-Christ n'est offert
par nous effectivement que sous les dehors
d'une oblation apparente de dons sensibles.
Ce qui permet de distinguer comme deux
sacrifices : un sacrifice réel et un sacrifice
symbolique, l'un enveloppant l'autre : non que
le second soit réel ; il est par définition pur
symbole, pure apparence : il n'est pas. Mais il
fait apparaître l'autre, qui est, mais qui par
lui-même n'apparaît pas[1]. La qualité de don
sensible (nécessaire pour qu'il y ait sacrifice),
Jésus-Christ la tient des éléments terrestres,
pour autant qu'ils sont engagés dans la prière
eucharistique contenant les paroles du Seigneur.

A regarder le sacrifice actif, c'est-à-dire
l'acte oblateur, non pas telle cérémonie ou
prière accessoire, mais le rite essentiellement sacrificateur, par où s'opère la transsubstantiation, là encore les éléments terrestres
ont leur part. La transsubstantiation n'est
pas l'effet des seules paroles du prêtre, mais
elle est l'effet du signe sensible tout entier :
lequel consiste dans les paroles et les espèces ;

1. M. F. 106 sq., 529 sq., 552 sq., etc.

plus précisément, dans les paroles en tant que venant déterminer la signification imparfaite des espèces[1].

Distinguons donc maintenant dans notre sacrifice, tant actif que passif, tant permanent que transitoire, trois éléments. Le premier et le principal : le corps et le sang du Seigneur, la seule chose offerte en réalité. Le second : les paroles déterminant les espèces, et se conjuguant avec elles pour opérer la consécration. Le troisième : les espèces déterminées par les paroles, et sous ce bénéfice servant d'enveloppe au corps et au sang du Christ, à l'Hostie véritable, pour lui « donner l'air » (absolument indispensable) d'un don émané de nous.

A regarder le premier élément, corps et sang de la victime, le sacrifice est à toute l'Église, et procède de toute l'Église. Le corps du Christ appartient à l'universalité des fidèles, car le corps de l'Époux est au pouvoir de l'Épouse, vu qu'il ne se fait des deux qu'une seule chair ; et c'est pourquoi, selon la formule traditionnelle, nul n'offre le corps du Christ si ce n'est le corps du Christ. Voilà la communauté indivise du sacrifice entre tous les chrétiens, et son titre originel.

Mais à regarder le second élément, la parole du prêtre, élément dynamique de l'action

1. M. F., 109, 505, 529.

sacrificatrice, élément formel de l'hostie apparente, le sacrifice n'est que du prêtre.

Enfin, à regarder le troisième élément, la chose sensible, matière du sacrifice symbolique, et véhicule de l'action oblatrice, il faut bien convenir que le sacrifice est le fait de celui dont les dons seront dédiés à la divinité, qu'il soit d'ailleurs individu ou collectivité. Que si, en route, les dons se changent en quelque chose de meilleur et de plus excellent, s'ils ne gardent plus que leur revêtement terrestre, pour s'emplir d'une substance plus divine, et, au moment même de l'oblation rituelle, prendre un prix infini, et remplir le ciel d'un arome inconnu à la terre : tellement qu'à l'inverse du fils d'Isaac, qui fleurait le froment pur d'un champ béni de Dieu, c'est le froment qui maintenant exhale l'authentique senteur des vertus et de l'amour du Christ béni, du Fils de Dieu broyé par la passion, et recueilli dans le sein du Père ; s'il y a une telle transformation du chétif apport de notre humanité indigente, faudra-t-il le reprocher à celui qui a fait ce qu'il a pu, et, qui, terre, a apporté de la terre — tout ce qu'il avait — mais avec la foi que de la terre il se ferait le pain du ciel ? Faudra-t-il lui reprocher soit l'infériorité de son don, soit la transcendance de ce qu'il est devenu ? S'imagine-t-on Dieu disant au chrétien : ta contribution ne compte pas, parce que je l'ai améliorée ? Mais depuis quand la grâce de Dieu se retournerait-elle contre la chétive créature qui y donne son humble concours ? N'est-ce pas ainsi que Dieu couronne en nous comme des mérites ce qui n'est autre chose, et absolument en tout point, que ses dons ? Et ainsi dans le Christ qui lui revient du sacrifice de l'autel, il reconnaît encore, et avec une complaisance infinie, le don qu'une main de chair a déposé sur l'autel visible, pour être de là transporté, par la main du souverain Prêtre, jusque sur l'autel céleste où s'opère toute consécration.

Au surplus, si le Christ, prix de la rédemption, est aussi NOTRE sacrifice, le sacrifice de l'Église, c'est uniquement en tant que terme de la transsubstantiation, et par conséquent non pas sans un rapport des plus étroits au pain et au vin, qui figurèrent sur la table eucharistique. A celui qui dressa la table, comme à celui qui la bénit, l'Église tout entière est redevable du sacrifice qu'elle présente à Dieu : bien qu'eux-mêmes soient redevables à l'Église du coefficient incomparable (et indéfectible) que sa sainteté donne à leur geste oblateur. Non, les parts respectives de l'Église et du prêtre ne font pas tort à l'initiative du fidèle, dont l'offrande, en s'acheminant vers le ciel, a fait une si prodigieuse fortune. Le fidèle a bien placé son avoir, et l'usure sera sienne, sans laisser que d'enrichir toute l'Église, et son ministre, et quelques autres encore en particulier.

Cela étant, on n'aura pas de peine à admettre que dès les débuts le chrétien laïque n'était pas plus, à ses propres yeux, hors d'état que le Juif d'offrir un sacrifice, d'offrir son sacrifice ; de même une communauté chrétienne particulière. Chez les Juifs, le fidèle apportait sa brebis ; une fois immolée, le prêtre l'offrait par l'affusion du sang sur l'autel. Après quoi, entre commensaux de Yahveh, on se partageait les membres de la victime (hors le cas des sacrifices pour le péché, où le prêtre avait tout, et des holocaustes, où personne n'avait rien). Le sacrifice était rituellement offert par le prêtre ; et à ce titre tous les sacrifices étaient sacrifices d'Aaron et de ses fils ; mais c'était aussi, et en un sens très propre, le sacrifice du fidèle qui avait apporté la brebis, sa brebis, pour l'offrir à Yahveh par les mains du prêtre. Le prêtre transmettait le sacrifice du fidèle ; ce que celui-ci offrait (offerebat), celui-là se chargeait de le présenter (deferebat) ; plus exactement encore, le prêtre offrait DE LA PART du fidèle, bien qu'il le fît par institution et investiture divine. Le fidèle donnait mandat au prêtre d'offrir son sacrifice, mais comme à un procureur qualifié d'en haut. Les prêtres étaient-ils payés ? Non ; mais de l'oblation des fidèles, tout entière orientée vers Yahveh lui-même, ils prélevaient, le rite accompli, leur part personnelle, comme en vertu d'une cession que leur faisait le Seigneur, aussi bien qu'aux fidèles, du festin qui lui avait été préparé, et dont son autel avait perçu la substance sous forme de sang. Ainsi les prêtres vivaient de l'autel, vivaient des sacrifices ; non pas comme salariés du peuple, mais comme convives de Dieu.

Le sacerdoce chrétien serait-il à cet égard en moins bonne posture ? Sa condition sera-t-elle de moindre noblesse ? Sera-t-il payé par le peuple, au lieu d'être l'invité de Dieu ? Ce qui revient à demander si le peuple continue encore à offrir son sacrifice, son propre sacrifice, par les mains et le ministère du prêtre, en dressant la table de Dieu assez abondante, pour que Dieu, outre le corps et le sang de son Fils, y trouve encore la substance à tout le moins d'un repas où il puisse convier son ministre ; ou bien, au contraire, si c'est le prêtre, et le prêtre tout seul, qui offre son sacrifice à lui, sur la demande du peuple sans doute, et contre le payement du peuple, qu'il fait bénéficier de son suffrage[1]. L'Hébreu ne venait pas demander le suffrage du prêtre, mais son ministère. Du suffrage, il disposait lui-même, comme bon lui semblait, puisqu'il était personnellement oblateur. Quiconque

---

1. Sur la différence entre le *gain* personnel que tire de son propre sacrifice celui qui l'offre, et le *suffrage* dont il fait profiter son prochain, voir M. P., 359-360.

offre, d'entre les hommes en proie au péché et à l'indigence, offre pour soi d'abord, et ensuite pour tel ou tel, à son gré, de ceux que la charité lui permet de regarder comme d'autres lui-même. C'est ainsi que sous Judas Machabée l'armée fit l'offrande d'un sacrifice pour les soldats morts sur le champ de bataille. En dehors de la Loi, mais en plein accord avec sa théologie des sacrifices, Job offrait au Seigneur des victimes de ses troupeaux pour les péchés de ses fils et de ses filles. Suffrage pour les vivants, suffrage pour les morts : tout suffrage est à la disposition de celui dont procède le don offert en sacrifice. Si vous offrez de ma part, vous offrez bien en ma faveur ; mais c'est parce que moi, qui offre par vous, je dirige moi-même mon sacrifice, et nécessairement, à la rémission de mes péchés et au soulagement de ma misère, dans l'attente du souverain bien qui me manque encore. Et si j'entends faire bénéficier de mon sacrifice mon frère, mon ami, mon prochain, quel qu'il soit, je n'ai pas besoin pour cela que vous vous mettiez en frais d'une spéciale direction d'intention : il suffit que vous offriez de ma part. Vous offrez à mes intentions par le fait que vous offrez pour mon compte. Mais la question encore une fois est de savoir si tel est bien le rôle du prêtre chrétien, comme ce fut celui du prêtre juif. La parité entre Juifs et chrétiens est-elle bien établie ?

Irénée n'en doute pas. Pour lui, il n'y a pas eu discontinuité entre l'économie ancienne et l'économie nouvelle des sacrifices. Le 18e chapitre du 4e livre *Contre les Hérésies* est là-dessus d'une clarté parfaite.

« Ce n'est pas la raison générique des oblations qui a été réprouvée. Il y avait des oblations alors, il y en a aujourd'hui. Le peuple [de Dieu] avait ses sacrifices, l'Église a les siens. C'est l'espèce qui est changée, pour la raison que les sacrifices ne sont plus offerts aujourd'hui par des esclaves, mais par des hommes libres[1] ». A part cette différence, qui tient aux différences de conditions[2], il y aura donc parité entre les sacrifices d'Israël et les sacrifices de l'Église. Les anciens offraient des dons à Dieu ; nous offrons aussi des dons à Dieu, « les prémices de la création[3] ». Ces dons que nous offrons à Dieu, Irénée ne les envisage pas seulement quant

1. « Non genus oblationum reprobatum est ; oblationes enim et illic, oblationes autem et hic ; sacrificia in populo, sacrificia in Ecclesia ; sed SPECIES IMMUTATA EST TANTUM, quippe cum iam non a servis, sed a liberis offeratur » (18, 2, P. L. 7, 1024-1029).

2. Entendez que les Juifs, esclaves de la Loi, non libérés par l'Evangile, étaient astreints à offrir des sacrifices figuratifs et charnels, impuissants à les justifier. Nous, par la grâce de Jésus-Christ, sommes à même d'offrir un sacrifice en esprit et en vérité, qui efface le péché.

3. N. 1 ; cfr. cap. 17, n. 4 et 5.

à la réalité céleste et cachée qu'ils contiennent, corps et sang du Christ, mais, en première ligne, quant aux éléments terrestres et symboliques engagés dans notre rite eucharistique, pain et vin. C'est même ces derniers qu'il met directement en parallèle avec les oblations de l'Ancien Testament[1]. Ce sont les oblats de la terre, que nous dirigeons vers l'autel du ciel (cap. 18, n. 6) ; les dons que nous avons reçus de Dieu, qui nous dispense nos aliments ; « le pain qui provient de la création », et que Jésus-Christ a tenu dans ses mains, en disant : C'est mon corps ; « le calice, qui, lui aussi, provient de la création à laquelle nous appartenons », et dont Jésus Christ a dit que c'est son sang[2]. Voilà nos offrandes, très terrestres quant à l'enveloppe visible[3] de la réalité céleste. Les oblations des Juifs étaient empruntées à la création : les oblations du Nouveau Testament le sont aussi, par le côté qui est accessible à nos sens, par le côté qui symbolise au regard l'intention eucharistique du sacrifice[4]. Mais il y a cette différence, que les oblations des Juifs étaient parcimonieuses : ce n'était qu'une dîme, provenant comme à regret d'un

1. Cap. 18, n. 3-6, et cap. 17, n. 5.
2. Cap. 17, n. 5.
3. M. F., 210 sq. Cfr. A. D'ALÈS, *La doctrine eucharistique de S. Irénée* (*Recherches de Science Religieuse*, 13, I, p. 24 sq.).
4. Cap. 17, 5 et 18, 6.

cœur servile ; les nôtres sont libérales : elles engagent tout l'homme et tout ce qui est à l'homme. Si petites qu'elles soient à l'œil, elles sont notre tout, comme l'obole que la veuve versa dans le tronc du temple. Ce sont des oblations filiales ; elles sont pures, parce qu'elles partent d'un cœur pur, qui a reçu le Verbe[1] ; d'autant que c'est la conscience de l'offrant, qui sanctifie le sacrifice, en y faisant passer la pureté de ses intentions : « conscientia ejus qui offert sanctificat sacrificium, pura existens ». Aussi sont-elles agréées, et justement agréées de Dieu, au moins en considération de l'Église, qui offre « avec simplicité » c'est-à-dire sans cette duplicité propre à celui dont le cœur dément le geste oblateur[2]. C'est ainsi que Paul écrivait aux Philippiens : « J'ai été comblé des [dons] que m'a apportés Epaphrodite de votre part : en odeur de suavité, hostie agréable, en qui Dieu se complaît » (*Phil.*, 4, 18). Et c'est dans ces conditions-là que le Verbe « veut que nous aussi nous fassions de fréquentes oblations à l'autel, sans jamais cesser[3] » : non qu'il en ait besoin, mais pour nous faire exercer la reconnaissance et nous faire porter du fruit[4] : « TOUT COMME au peuple [Juif] avait été donné le précepte

1. Cap. 18, 4.
2. Cap. 18, 4.
3. Cap. 18, 6.
4. *Ibid.*, et 17, 5.

des sacrifices, non que Dieu en eût besoin, mais pour lui apprendre à servir Dieu[1] ».

La parité est donc on ne peut plus satisfaisante. Nous ne sommes pas plus, nous chrétiens, dépourvus d'oblations sensibles, de présents à faire à Dieu, en gage de notre consécration intérieure, latreutique et eucharistique, que ne l'étaient les enfants d'Israël. A Philippes, comme dans tout le reste du monde[2], dans tous les temps, aussi bien dans le nôtre qu'aux origines du Christianisme, il y a des oblations dont chacun de nous a le devoir de gratifier Dieu. Seulement les nôtres, bien que nous soyons chair, et qu'au point de départ elles soient de même condition que nous, à la différence des oblations judaïques se trouvent être célestes au point d'arrivée, sans laisser que de communier encore à notre nature par leurs dehors terrestres. C'est que, invoqué sur nos dons, Dieu les a acceptés en en faisant le corps et le sang de son Fils[3] : et son acceptation est notre gloire, à nous chrétiens, « car celui qui offre se trouve glorifié par l'acceptation de ce qu'il offre[4] ».

Voilà les principaux éléments de la théologie d'Irénée sur les sacrifices. On voit quelle

---

1. Cap. 18, 6.
2. Cap. 17, 5-6.
3. Cap. 18, 5.
4. « Quoniam is qui offert glorificatur ipse in eo quod offert, si acceptetur munus eius » (18, 1).

place elle laisse à l'initiative des donateurs fidèles, des offrants particuliers, tout en mettant grandement en évidence l'intervention indivise de l'Église universelle, et en sauvegardant comme de juste la prérogative sacramentelle de ceux à qui, après les apôtres, ont été confiées les prières eucharistiques[1], les paroles du Christ[2], l'invocation au Tout-Puissant[3].

Et si les fidèles offrent à Dieu leurs sacrifices, bien que par l'intermédiaire indispensable du prêtre, il s'ensuivra encore que le rôle du prêtre, comme tel, n'est pas de les favoriser de son suffrage, mais seulement de s'acquitter de sa fonction sacerdotale pour leur compte et de leur part. A eux de diriger le suffrage correspondant à leur rôle d'oblateurs médiats du sacrifice. Le prêtre ne peut le dévier, du moment qu'il exécute leur mandat. Si c'est lui qui sur l'abîme creusé entre l'homme et Dieu jette ce pont par où passera l'hostie, c'est eux qui l'ont chargée elle-même de leurs messages. Si c'est lui qui à notre frêle esquif donne la force de son bras par où passe la vertu d'en haut, ou si c'est lui encore qui par le souffle de l'Esprit, dont il dispose, enfle nos voiles pour faire aborder nos présents sur les plages où Dieu les attend dans sa lumière

1. Cap. 18, 4.
2. Cap. 17, 5.
3. Cap. 18, 5.

inaccessible, c'est nous, les humbles donateurs, qui sommes à la barre, et déterminons l'affectation finale, et pour ainsi dire l'adresse ultime des vœux qui sont les nôtres. Nous gouvernons nos oblations. Et comme nous les adressons à l'autel du ciel, selon le mot d'Irénée, ainsi à l'effet qui en reviendra sur la terre assignons-nous de notre propre chef une destination, qui sera celle de nos vœux.

La parité va-t-elle plus loin ? Si le prêtre dans la loi évangélique est le messager des fidèles, et comme le porteur de leurs dépêches, selon le mot de Guillaume de Paris[1], est-il un messager gratuit comme dans l'Ancienne Loi, ou un messager à gages ? Là-dessus Irénée ne nous renseigne pas explicitement[2]. Il se contente de conclure d'une manière générale[3] : « Dons, oblations et sacrifices, tout cela, le peuple [Hébreu] le reçut en figure (ainsi qu'il fut montré à Moïse sur la montagne) du même Dieu dont le nom dans l'Église est maintenant glorifié parmi toutes les nations ».

Mais nous avons saint Paul, et les commen-

---

1. « Sunt ergo [sacerdotes] velut petitionarii portitores, hoc est petitionum portatores » (GUILLAUME DE PARIS, *De Sacramento Ordinis*, cap. 4).

2. *Explicitement* : le mot n'est pas superflu : car il est évident que la réponse est implicitement donnée dans tout ce qui précède sur le caractère des oblations.

3. Cap. 19, 1

tateurs de saint Paul. « Nous n'avons pas usé de notre droit. Plutôt tout supporter que de mettre obstacle à l'Évangile. Ne savez-vous pas que ceux qui vaquent aux sacrifices, tirent leur subsistance du sanctuaire ? et que ceux qui sont au service de l'autel partagent avec l'autel ? C'est ainsi que le Seigneur a réglé que ceux qui annonceraient l'Évangile, vivraient de l'Évangile. Moi, je n'ai fait usage d'aucune de ces [prérogatives] » (*I Cor.*, 9, 12-15).

Il y a deux choses dans le raisonnement par où saint Paul justifie le droit dont il renonce à se prévaloir. Il y a un terme de comparaison : les sacrifices ; et il y a le terme en comparaison : la prédication de l'Évangile. Pour le premier, il affirme le principe comme incontestable, et allant de soi. Pour le second, il invoque une loi positive, l'ordonnance du Seigneur, qui a établi l'assimilation. Le second n'est pas une déduction, ni une application du premier. C'est autre chose, dans une autre catégorie, mais analogue. L'analogie n'est pas telle cependant qu'elle autorisât par elle seule à conclure au droit du prédicateur comme à celui du prêtre. Elle n'offrirait qu'un fondement inadéquat. Mais survient la parole du Seigneur : et l'écart entre les deux termes est comblé ; la parité des droits est établie, en ce point : que le prédicateur doit pouvoir vivre sans autre travail que de prêcher, comme le prêtre vit sans autre labeur que celui de son assiduité à l'autel ; et encore, que la subsistance de l'un, comme la subsistance de l'autre, est à la charge des fidèles. Restera la différence du mode suivant lequel se perçoit la subsistance de l'un et de l'autre : le prédicateur, peut-être, recevra les donations des fidèles comme une allocation faite directement à lui-même, bien qu'en raison de son office, et par suite en considération de Dieu, et en ce sens pour Dieu ; tellement que sont synonymes les deux locutions *in nomine prophetae* et *in nomine Christi*. C'est pourtant bien à lui, à l'homme de Dieu, que se termine le transfert des ressources aliénées par le fidèle, et cela sans intermédiaire[1]. Pour le prêtre, comme tel, il en va autrement. C'est Dieu qui est censé avoir reçu les dons dédiés à l'autel. L'autel est sa table, dressée ici-bas pour les soins des mortels ; et lui-même

---

1. On est prié de remarquer que la description de ce processus n'a qu'une valeur schématique. En réalité, dans le concret, la différence entre prêtre et prédicateur s'atténue, ou même s'annule, par le fait que : 1° le prêtre et le prédicateur généralement ne font qu'un ; 2° qu'entre l'eucharistie et la prédication il y a un lien étroit, comme on le rappellera plus loin ; 3° et surtout, que les ressources que le prêtre tire de l'autel, dans la mesure où elles dépassent ses besoins personnels, doivent être employées au culte divin et au bien des fidèles (voir plus bas) ; et que la première dépense à faire pour le culte et la première charité pour les fidèles, est de leur faire annoncer la parole de Dieu. Ainsi le prédicateur se trouvera défrayé par l'autel

devient propriétaire de ce qu'elle porte. Partager avec l'autel, c'est donc partager avec Dieu ce qui est à Dieu. Le prêtre est nourri par Dieu. Il est vrai qu'il s'agit (en première ligne au moins) du prêtre Juif. Mais la pensée de saint Paul se limite-t-elle à lui, ou énonce-t-elle un principe valable en droit pour tout sacrificateur ? Qu'il passe du prêtre Juif au prédicateur chrétien, cela ne saurait suggérer une réponse négative. Il passe au prédicateur chrétien, parce que c'est à lui qu'il veut en venir ; et pour ce faire, il faut une parole du Seigneur, extensive du principe invoqué. Mais pour l'application au prêtre chrétien, dont il n'est pas fait mention expresse, y avait-il besoin d'un oracle évangélique ? Ne va-t-elle pas de soi ? et même *a fortiori*, si l'on tient compte de la dignité supérieure du sacerdoce de notre Melchisédech en comparaison de celui d'Aaron ? Quoi, c'est une prérogative que saint Paul présente comme l'apanage indiscutable de ce sacerdoce auquel le nôtre, comme il l'enseigne ailleurs, a succédé comme la vérité aux ombres et comme la perfection à l'ébauche : et dans le nôtre cette noblesse manquerait. Est-ce croyable ? Voyons ce qu'en ont pensé les anciens.

« Remarque, dit Chrysostome[1], la sagesse de Paul, et avec quelle convenance (μεγαλο-πρεπῶς) il s'exprime sur ce sujet. Il ne

1. In h. l., *P. G.*, 61, 181.

dit pas : Ceux qui vaquent aux sacrifices reçoivent [à proprement parler] de ceux qui offrent. Non ; mais que dit-il ? Ils vivent du sanctuaire : ni humiliation pour ceux qui reçoivent, ni enflure pour ceux qui donnent. Pour la même raison ce qui suit est énoncé de façon analogue. Car ici encore, il ne dit pas : Ceux qui desservent l'autel reçoivent de ceux qui apportent le sacrifice ; mais : ils partagent avec l'autel. Car ce qui était offert, n'était plus aux offrants, mais au sanctuaire et à l'autel ». Saint Jean Chrysostome, il est vrai, ne dit pas explicitement que les prêtres chrétiens sont également soustraits à cette humiliation, et les fidèles offrants également gardés contre cette enflure, qui pourrait se produire chez celui qui, rétribuant ou subventionnant le ministère des autels, s'estimerait par là même le bienfaiteur, voire le supérieur de l'ordre sacerdotal. Mais qui ne voit que ce prolongement est dans sa pensée ? S'il estime cette infériorité indigne du sacerdoce antique, comment ne l'écarterait-il pas de la Loi nouvelle ? Cependant, il faut l'avouer, la conclusion n'est pas formulée.

Saint Jérôme, pour son compte, n'hésite pas à la tirer : « Altari serviens, altaris oblatione sustentor[1] ». Serviteur de l'autel, c'est l'oblation de l'autel qui me soutient.

---

1. *A Népotien*, n. 5, *P. L.*, 22, 5.

Vers la même époque, dans cette compilation qui a au moins le mérite de représenter les vues des contemporains, outre le crédit dont elle a joui plus tard parmi les juristes et les théologiens, dans les *Canons Apostoliques*[1], l'application au sacerdoce chrétien est faite de même sans la moindre hésitation : « La loi de Dieu édicte que ceux qui sont attachés à l'autel soient nourris de l'autel ».

Pour les juristes du Moyen-Age, la parité de condition entre les prêtres de la nouvelle Loi et ceux de l'ancienne, est chose évidente de soi. Innocent IV, sur le cinquième livre des décrétales, chapitre *Ne praelati*[2], écrit : « Il est de droit que riche, ou pauvre, celui qui sert l'autel, vive de l'autel ».

Quant aux théologiens, il suffit de citer saint Thomas, traitant expressément des sacrifices[3]. « Les offrandes, dit-il, que le peuple PRÉSENTE A DIEU, appartiennent aux prêtres, non seulement pour être employées à leur usage, mais aussi pour être par eux fidèlement dispensées : pour une part, il y a à les employer dans ce qui est du culte divin[4] ;

---

1. Can. 41, *P. G.*, 137, 124 et *P. L.*, 67, 146.

2. *In quintum decretal.*, tit. 4, cap. *Quoniam enormis*, Venise, 1570, fol. 299, cfr. *Tertium*, tit. 5, cap. *Cum secundum Apostolum*.

3. 2-2, 86, 2.

4. En tout premier lieu, cela va sans dire, par la consécration eucharistique.

pour une autre part, à en tirer leur subsistance personnelle, parce que ceux qui servent l'autel participent à l'autel, comme le dit la *Première aux Corinthiens* ». Etc.

Les anciens avaient encore l'occasion de greffer cette parité sur un verset d'*Osée* (4, 8), où il est dit que les prêtres « mangent les péchés du peuple », c'est-à-dire se nourrissent des victimes offertes par le peuple pour ses péchés. L'offrande pour le péché revenait en effet tout entière au prêtre. On ne fit pas dificulté d'appliquer cette locution, un peu roide, aux prêtres de l'Église. C'est ainsi que Julien Pomère, dans son admirable Traité *De la Vie contemplative*[1], écrivait : « Des clercs voici ce que dit le saint Esprit : Ils mangent les péchés de mon peuple[2] ». Quelques lignes plus haut il avait noté que « les ressources de l'Église n'étaient pas autre chose que les vœux [= sacrifices] des fidèles, la rançon des péchés, et le patrimoine des pauvres[3] ». Après lui le Pseudo-Isidore[4] renouvelle cet

1. Lib. 2, cap. 10, n. 2, *L. P.*, 59, 454 : « De clericis quidem dicit Spiritus Sanctus : Peccata populi mei comedunt ».

2. Reproduit par le Concile d'Aix-la-Chapelle en 816, lib. 1, c. 107 (Mansi, 14, 214), puis, sous le nom de Prosper, par GRATIEN, Decr., p. 2, caus. 1, q. 2, c. 7.

3. Cap. 9.

4. *P. L.*, 130, 97 : « Ipsi enim sacerdotes pro populo interpellant, et peccata populi comedunt ».

emprunt au prophète Osée (pour lequel il a une spéciale affection) en l'accompagnant d'une glose, qui, tout en spiritualisant l'image, laisse subsister le principe de la parité entre le présent et le passé. Cette fausse décrétale du pape Alexandre a passé naturellement dans Fulbert de Chartres[1] et Gratien[2], où l'on lit : « Les prêtres interpellent pour le peuple, et des péchés du peuple font leur nourriture ».

Sans image truculente, on voit encore la même parité, appuyée cette fois sur les pains de proposition, dont la totalité revenait également aux prêtres[3], dans une lettre pseudo-hiéronymienne à saint Damase[4], laquelle

---

1. *Decr.*, p. 2, c. 69.

2. *Decr.*, p. 2, caus. 1, q. 1, c. 91.

3. On sait d'ailleurs que le *Pontifical Romain* dans l'ordination du sous-diacre a encore cette monition : « Oblationes quae veniunt in altari panes propositionis appellantur. »

4. *P. L.*, 13, 1214 : « De panibus a fidelibus in altari oblatis, quis... iure uti debeat ». « Si non licuit David et viris eius adhuc sub umbra Legis comedere panes propositionis, quando ab Abimelech panes petiit fame stimulante, quomodo nunc, Evangelio coruscante, persuaderi debet laicis ut oblationem panum Deo oblatorum suis usibus rapiant ? Dicit namque perinde apostolus : *Qui altari serviunt, de altari participent.* Ergo, quia sacerdotes pro omnibus orare solent, quorum eleemosynas et oblationes accipiunt, qua fronte praesumunt laici oblationes, quas christiani pro peccatis suis offerunt, vel comedere vel aliis concedere, cum ipsi non debeant pro populis orare ? »

devint par la suite, moyennant quelques retouches, un décret de Damase lui-même dans Gratien[1], et, comme tel, se trouve citée par saint Thomas dans la *Somme*[2].

L'impression que l'on éprouve chez tous ces anciens, c'est que la stricte application du principe de la prérogative sacerdotale aux prêtres chrétiens n'avait pas besoin d'être prouvée, ni par saint Paul ni par eux-mêmes. Le prêtre partage de droit avec l'autel. Il reçoit de Dieu ce que les fidèles par ses mains ont donné à Dieu.

On peut noter en passant que les exégètes modernes ne sont pas plus difficiles sur ce point que leurs devanciers. « [Paul] sait, écrit le R. P. Prat[3], que sous l'ancienne Loi comme SOUS L'ÉVANGILE le MINISTRE DE L'AUTEL vit de l'autel ». Et pourtant, comme la remarque en a déjà été faite, cela n'est pas dit par saint Paul ; mais c'est sous-entendu comme évident. Ce qui était à dire, c'était l'assimilation (moins parfaite) entre prédicateur et prêtre, parce que là-dessus on ne pouvait pas s'appuyer sur l'Ancien Testament, mais seulement sur la parole du Christ. Sous l'ancienne Loi, prophétisme et sacerdoce étaient deux choses séparées, souvent hostiles,

1. Decr., p. 2, caus. 10, q. 1, c. 15
2. 2-2, 86, 2.
3. *Théologie de S. Paul*, 1, 564.

en tout cas tout à fait différentes quant à leurs cadres et quant à leurs ressources. Sous la nouvelle Loi, le prophétisme, c'est-à-dire la prédication, est normalement une attribution du sacerdoce, et en tout cas crée un titre à des moyens de subsistance analogues. C'est une des raisons pour lesquelles saint Paul aime à décrire le ministère apostolique sous des couleurs liturgiques, empruntées directement[1] à l'Eucharistie. « Il m'a été donné de Dieu d'être liturge du Christ Jésus dans les nations pour exercer la sacrificature de l'Évangile de Dieu (ἱερουργοῦντα τὸ εὐαγγέλιον) afin que l'oblation (ἡ προσφορά) des nations soit agréée et sanctifiée (ἡγιασμένη) dans le Saint-Esprit » (*Rom.*, 15, 15). L'analogie est justifiée d'autant plus que le corps du Christ est pour nous la parole de la foi autant que la chair immolée[2], et que la prédication est par suite, dans l'économie chrétienne, une extension du ministère des autels, ayant pour but de nourrir les fidèles du corps du Christ par la foi. Mais cette analogie de la prédication et de la sacrificature n'élimine pas, bien au contraire, puisqu'elle s'y superpose, la parité propre et formelle entre sacerdoce chrétien et sacerdoce mosaïque, quant à la table qui fournit à l'un et à l'autre sa subsistance.

1. M. F., 76.
2. M. F., 230 sq.

La correspondance que signalait Irénée entre la législation cultuelle des deux Testaments paraît donc bien s'étendre à ce point des ressources respectives des deux sacerdoces. Ce sont des ressources divines ; ce sont des biens dispensés au prêtre par Dieu ; c'est un partage entre Dieu et son prêtre de ce qui par le ministère du prêtre est devenu d'abord propriété de Dieu. La subsistance que le ministre de l'autel tire de l'autel est une commensalité divine ; ce n'est pas une rémunération humaine. Aussi voyez comme les anciens ont eu soin de marquer que le prêtre ne doit pas y voir une rétribution (praemium), mais une allocation d'en haut pour le soutien de son existence, pour le soutien des clercs, engagés avec le prêtre au service de l'autel, et pour le soutien des pauvres, dont l'Église doit se regarder comme chargée au nom de Dieu, parce qu'ils n'ont que Dieu pour prendre soin d'eux : tellement que le bien de l'Église, le bien du Père de famille, est leur patrimoine à eux. On a déjà entendu Julien Pomère en ce sens ; mais il abonde davantage : « Ceux qui, étant au service de l'Église, acceptent volontiers ou [même] exigent des [émoluments] dont ils n'ont pas besoin, croyant y voir une dette qu'on aurait l'obligation d'acquitter en raison de leur travail, sont des hommes d'un sens par trop charnel, puisqu'ils se figurent qu'à qui sert bien l'Église est réservé un

salaire terrestre, et non une récompense céleste... Que si un ministre quelconque de
l'Église n'a pas de quoi vivre, que l'Église
ne lui donne pas ici bas de rétribution, mais
lui fournisse le nécessaire[1] ». Et un peu plus
haut : « Ce que l'Église possède, elle le possède
en commun avec tous ceux qui n'ont rien[2] ».
C'est pourquoi saint Thomas, dans le passage
cité plus haut, après avoir marqué déjà deux
affectations des offrandes des fidèles : culte
divin et subsistance du prêtre, pour le surplus ajoutait encore ceci : « En partie elles sont
à employer aussi dans l'intérêt des pauvres,
qui doivent être soutenus sur les ressources
de l'Église, autant que faire se peut[3] ». L'affectation aux pauvres ne préjudicie en rien au
domaine usufruitier des ministres de l'autel,
qui est présupposé[4]. C'est pourquoi les
Constitutions Apostoliques disent purement et

---

1. « Qui autem Ecclesiae serviunt, et labori suo
velut debita reddi oportere credentes, ea quibus opus
non habent aut accipiunt libenter aut exigunt, nimis
carnaliter sapiunt, si putant quod Ecclesiae fideliter
servientes stipendia terrena, ac non potius praemia
aeterna percipiant... Quod si quilibet minister Ecclesiae non habeat unde vivat, non ei praemium
reddat hic, sed necessaria praestet Ecclesia » (cap. 10,
n. 2, *P. L.*, 59, 454).

2. « Quod habet Ecclesia, cum omnibus nihil haben-
tibus habet commune » (cap. 9, n. 2).

3. 2-2, 86, 2.

4. Voir S. Thomas, cité plus loin.

simplement, en parlant des oblations des fidèles, sous le nom d'eulogies : « Ce qui reste des eulogies, après les sacrés mystères, doit être distribué selon les indications de l'Évêque ou des Prêtres à tout le clergé[1] ». On se rappelle que tout le clergé de tous ordres concélébrait alors[2].

Telle étant la manière de voir des anciens quant à la nature du revenu que le prêtre tire de l'autel, on doit s'attendre à trouver clairement énoncé chez eux ce principe : que les fidèles offrent leurs propres sacrifices à Dieu, encore que ce soit par la main du prêtre. Or c'est ce qu'ils ne se sont pas fait faute de nous dire ; et ce point servira de contre-épreuve à l'interprétation de leurs vues sur le partage entre l'autel et ses ministres.

Il y a là-dessus, en première ligne, les autorités déjà alléguées précédemment[3]. Il y a les Liturgies, et il y a Tertullien, Cyprien, Ambroise, Augustin, Césaire, Grégoire de

1. Lib. 8, cap. 31, 2.

2. Et il va sans dire que si quelque clerc, tout en vaquant d'une manière habituelle aux fonctions de sa cléricature, se trouvait empêché ou excusé (*Canon. Apostolor.*, 8 ; cfr. M. F., 487) de prendre part au sacrifice, il ne devrait pas pour autant être exclu des ressources procurées par le sacrifice collectif des prêtres et clercs de l'Église : d'autant que toute occupation proprement cléricale converge toujours vers le culte eucharistique.

3. M. F., 339 sq.

Rome, Martin de Léon, Walafrid Strabon,
et entre temps l'auteur des *Questions du Vieux
et Nouveau Testament*.

Ce dernier est d'autant plus notable, qu'il
est plus explicite, et on pourrait dire didac-
tique, sur le point qui nous occupe, et en
même temps plus attentif à nous dire qu'il
ne fait qu'énoncer la manière de voir de tout
le monde. « Toujours, dit-il, celui-là est dit
offrir, de qui proviennent les oblations que
sur l'autel dépose le prêtre. Et c'est ainsi
qu'offrit Saül, COMME ON OFFRE AUJOUR-
D'HUI ; et de même David, et de même
Salomon, et de même tant d'autres. Ont-ils
pour autant exercé le ministère sacerdotal ?
[Non assurément ; car] tandis que le prêtre
s'acquitte de sa propre fonction, néanmoins
CELUI-LA EST DIT OFFRIR, au nom de qui le
prêtre agit. L'action est imputée à celui dont
les dons sont offerts[1] ». Impossible de réunir
plus de choses en moins de mots : et le rôle
oblateur du fidèle, et le ministère indispensable
du prêtre, et le mandat de procuration[2] que le

---

1. Cap. 46. On peut rapprocher de ce morceau
le langage de GUILLAUME DE PARIS : « Sacerdos in
altari se gerit ut ministrum et gestorem alieni negotii
videlicet negotii ipsius Ecclesiae... Ille autem agit
negotium, cuius nomine agitur ; et illi fit totum quod
fit, propter quem vel cuius nomine fit » (*De Sacramento Ordinis*, cap. 5).

2. Le mot de « procureur » revient constamment

prêtre reçoit pour agir au nom du fidèle, et le caractère de cette action, qui consiste à faire parvenir les dons à leur adresse, et d'une manière générale la parité sur tous ces points entre la Loi nouvelle et l'ancienne, enfin l'absence de doute ou de divergence à ce sujet.

Tertullien, saint Grégoire (comme plus tard saint Pierre Damien) envisagent le cas d'un veuf ou d'une veuve *offrant* le sacrifice pour un conjoint disparu. C'est leur style, suffisamment expressif. « Eh quoi, dit Tertullien au veuf remarié, tu oseras bien porter devant Dieu le souvenir de deux épouses ? et tu offriras pour les deux ? tu les recommanderas par un prêtre ordonné comme monogame, voire consacré dans sa virginité... et ton sacrifice aura le front de monter vers Dieu[1] ? ». Ailleurs c'est une femme, qui « offre aux jours anniversaires de la mort de son mari[2] ». Il est indubitable[3] qu'il s'agisse en ces deux endroits du sacrifice de la messe. Encore une femme qui offre chez

sous la plume de GUILLAUME DE PARIS *(op. cit.)* ; mais il est vrai que c'est en relation non pas avec tels fidèles en particulier, mais (comme le réclame le sujet traité par l'auteur) en relation avec toute l'Église.

1. *De exhortatione castitatis*, 11, P.L., 2, 926-927.
2. *De monogamia*, 10, P. L., 2, 942.
3. M. F., 221-222.

saint Grégoire, mais pour son mari présumé défunt, bien que captif en réalité aux mains des barbares : « A jours fixes elle avait coutume D'OFFRIR POUR LUI LE SACRIFICE[1] » ; et en fait « c'était chaque semaine qu'elle avait soin D'OFFRIR POUR LUI DES HOSTIES : et aussi souvent qu'elle offrait des hosties, aussi souvent dans la prison se brisaient les liens du captif[2] ». Et puisque la similitude du sujet invite à citer ici saint Pierre Damien, il vaut la peine de noter que l'oblatrice, une vraie veuve cette fois, et qui pour comble de malheur n'avait pas eu la main heureuse dans le choix de son célébrant, se faisait une règle de composer son offrande de trois pièces, telles que poulet rôti, pain et vin. C'étaient les dons de l'oblation (oblationis xenia), destinés, comme le contexte[3] l'indique, à la célébration eucharistique. Et le résultat montra, selon Pierre Damien, qu'il vaut mieux faire l'aumône aux pauvres que « de remettre son oblation aux mains d'un prêtre à la vie charnelle ». Voilà des oblateurs et des oblatrices du sacrifice ; oblateurs et oblatrices parce qu'ils dressent la table non pas seulement pour le repas du prêtre, mais pour la célébration liturgique : qu'ils y assistent

1. *Dial.*, 4, 57, *P. L.*, 77, 424.
2. *In Evangelia*, hom. 38, n. 8, *P. L.*, 76, 1279.
3. *De bono suffragiorum*, 6.
4. Cap. 5 et 7.

ou qu'ils n'y assistent pas (en fait chez S. Pierre Damien l'oblation se fait par commissionnaire).

S. Augustin s'accorde merveilleusement avec les précédents. Il déplore la captivité des chrétiennes, enlevées par les barbares et transportées, comme jadis les Hébreux, dans les terres où ils ne pouvaient sacrifier : « ainsi elles ne peuvent plus porter leurs oblations à l'autel de Dieu, ni trouver un prêtre par qui elles offrent à Dieu[1] ». Son maître Ambroise, n'avait-il pas écrit aussi à Théodose, en le privant du droit d'offrir à l'autel : « Tu offriras, lorsque tu auras recouvré le pouvoir de sacrifier, lorsque ton hostie pourra être acceptée de Dieu[2] ». S. Cyprien, et après lui S. Césaire n'avaient-ils pas de leur côté accentué le droit des offrants sur leur hostie, au point de taxer de larcin l'intrus qui venait communier sans avoir contribué à l'offrande ? « Vous êtes riche et opulente, dit S. Cyprien à une dame avare, et vous vous figurez célébrer le mystère du Seigneur... quand vous y venez sans [apporter de] sacrifice, quand vous prenez votre part du sacrifice que le pauvre a offert[3] ». Voici donc ce pauvre ; il a offert le sacrifice, lui, parce qu'il y a mis

1. *Ep.* III, 8, *P. L.*, 33, 426.
2. *Ep.*, 51, 15, *P. L.*, 16, 1163.
3. *De opere et eleemosyna*, 15, *P. L.*, 4, 612-613.

du sien. Elle, au contraire, qui vient les mains vides, n'est pas du nombre de ces offrants-là, de ceux à qui le sacrifice, en raison de sa matière, est censé appartenir. S. Césaire dit de même : « Apportez des oblations pour les faire consacrer sur l'autel. Quand on a le moyen de le faire, on devrait rougir de communier de l'oblation d'un autre[1] ». Donc l'eucharistie est à un titre spécial, et, d'un certain point de vue, à un titre exclusif, l'avoir de ceux dont elle représente l'offrande.

Walafrid Strabon[2] en fait entendre la raison. Si on est auteur du sacrifice par le fait des oblations, c'est que justement leur destination est de se muer au corps et au sang de notre Victime, qui est le vrai don, le don unique offert par l'Église de Dieu. Assistez à la messe tout entière, dit-il, ne croyez pas qu'il soit préférable de porter des offrandes d'une messe à l'autre ; sans rester à aucune. « Il est plus raisonnable d'offrir là où vous voulez rester, afin qu'après avoir offert votre don au Seigneur, vous lui offriez aussi une dévote prière, pour obtenir que le don soit agréé. Ce n'est pas sans raison que nous disons au Canon : *Qui tibi offerunt*, et non pas *Qui tibi obtulerunt* ; c'est pour nous faire entendre

1. Appendice aux Sermons de S. Augustin, 265, P. L., 39, 2238.

2. *De ecclesiasticarum rerum exordiis et incrementis*, 22

que nous devons persister à offrir JUSQU'A
CE QUE LES OBLATS SOIENT PARVENUS AU
TERME EN VUE DUQUEL ILS ONT ÉTÉ OF-
FERTS » ; car nous n'ignorons pas « qu'un
seul est mort pour tous, et que [par suite]
un est le Pain et le Sang, offrande de l'Église
universelle ». Quoi de plus complet ? De la
part de l'Église universelle l'offrande est
unique, quant à sa vérité, qui est celle de
l'Hostie rédemptrice. Cela ne l'empêche pas
d'être, à un autre égard, l'offrande particulière de ces fidèles, qui font consacrer leurs
oblats pour qu'au terme il y ait la divine
Hostie, offerte en leur nom et agréée de leur
part. Vous avez offert votre don au Seigneur ;
tâchez qu'il l'agréé : ce qui ne se fera pas
avant que le don du particulier soit devenu
par la consécration celui de toute l'Église.
C'est pourquoi, bien des siècles auparavant,
le Pape S. Innocent I, dans sa célèbre lettre
à Décentius de Gubbio[1], inculpait ce principe, que par le Canon (= precem) le prêtre
fait agréer (= commendet) à Dieu les oblations de ceux qui ont donné, et dont les noms
vont être récités ; c'est leur hostie qu'il offre
à Dieu (cuius hostiam Deo offeras). On sait
la fortune de cette lettre chez les liturgistes
et juristes du Moyen Age.

Enfin, si l'on veut une théorie complète,

---

1. *Ep.* 25, c. 2, *P. L.*, 20, 553-554

énoncée non pas sans doute en termes de
Droit, mais cependant facilement intelligible
dans tous ses éléments, on peut l'emprunter
à S. Martin de Léon, dans son 23e sermon
Sur la cène du Seigneur[1]. Il parle aux prêtres :
« Pour la célébration des messes, dit-il, n'ac-
ceptez pas de salaire (praemium), de peur
d'encourir la condamnation du traître Judas.
Ne cherchez pas à vendre pour un métal corruptible, or ou argent, le corps du Seigneur,
redoutable à toutes les Principautés du ciel,
vénérable aux Puissances, adorable aux Esprits angéliques, afin de n'avoir pas à endurer
dans les enfers la juste peine d'un tel forfait.
Vendre à nouveau pour des pièces de monnaie le corps de l'Agneau sans tache et sans
souillure, Jésus-Christ n'est pas chose pro-
fitable, mais damnable. Lui, une fois pour
toutes s'est offert pour nous de bon cœur
(sua sponte) à son Père sur l'autel de la croix.
Si vous avez reçu les dons du Saint Esprit
gratuitement, ne les vendez pas à prix d'argent. Donc, très chers, ayez à cœur de célébrer
la messe pour le seul honneur de Dieu,
pour votre salut et celui de toute l'Église. Si
quelqu'un, en vue de quelque nécessité, vous
prie d'offrir un sacrifice en présence du Dieu
tout puissant, soit pour son propre salut,
soit pour la délivrance de ses défunts, n'exigez

1. *P. L.*, 208, 920 sq.

rien de lui (nihil ab eo exigentes), mais accomplissez gratuitement (charitative) ce qu'il vous demande ; et ce qu'il offre de lui-même (quae sponte obtulit), recevez-le, non comme un payement (pretium), mais comme un DON DE DIEU. Il est permis aux hommes de l'Église d'accepter ce que LES FIDÈLES OFFRENT SPONTANÉMENT A DIEU, et d'offrir à Dieu continuellement leurs prières pour tous les fidèles vivants et décédés. D'où cette maxime : *Ceux qui servent l'autel, partagent avec l'autel.* Donc pour les fidèles vivants et décédés offrez à Dieu le Père le sacrifice du corps et du sang de Notre-Seigneur Jésus-Christ ; et sans exaction (nulla exactione facta), sans faire intervenir de pacte, recevez ce que les enfants de l'Église AURONT DÉVOTEMENT OFFERT A DIEU... Le tout est de ne rechercher pour le ministère du sacrifice aucun salaire (pretium), mais d'accepter ce qui a été librement OFFERT A DIEU. Car les oblations ne sont pas offertes seulement au prêtre, mais au souverain pontife, Jésus-Christ ». On aurait pu désirer dans ce morceau un énoncé plus net de l'obligation de justice qui incombe au prêtre en raison des offrandes qu'il détient comme agent de transmisssion. Peut-être est-ce sous-entendu ; l'accent en tout cas est mis sur autre chose. A quoi s'attaque S. Martin de Léon ? à la simonie. Qu'exclut-il ? tout pacte surajouté à celui qui est implicite dans le fait de recevoir des dons pour les transmettre à Dieu, à qui seul ils sont destinés dans la pensée du fidèle. Cela suffit : le prêtre célèbrera ; Dieu et Jésus-Christ, Dieu et l'autel lui feront l'abandon de ce qui lui revient pour sa subsistance ; ce ne sera pas une « rétribution » (praemium, pretium) des fidèles ; ce sera un « don de Dieu ». Et tout se sera passé gratuitement (charitative, gratis, sponte). Il n'y aura pas eu ombre de marché ; ni l'Hostie divine n'aura été l'objet d'un échange, ni l'action du prêtre n'aura été engagée pour un gain temporel : pas de *locatio operae*, pas de contrat *do ut facias*, pas de donation modale, etc. Voilà ce qu'exclut Martin de Léon. C'est de ces pactes-là qu'il ne veut pas, dans lesquels l'octroi d'un bienfait spirituel se trouve subordonné à la concession d'un bienfait temporel. Pas de réciprocité contractuelle entre une action sacerdotale et un subside matériel : vu qu'il n'y a pas eu subside matériel, il n'y a pas eu secours donné au prêtre ; il y a eu humble offrande faite à Dieu, à Jésus-Christ, à l'autel ; et le prêtre n'y a part que comme convive né de l'autel et de Jésus-Christ et de Dieu.

Quant aux Liturgies, il suffit d'en rappeler la teneur. *L'Anaphore de Sérapion*, tout de suite après l'Épiclèse, contenait ces mots : « Recevez, Seigneur, l'eucharistie de votre peuple, et bénissez ceux qui ont offert les oblations et les eucharisties ». Mêmes expres-

sions dans la *Liturgie* grecque de *S. Jacques :*
« Souvenez-vous, Seigneur, de ceux qui ont
offert ces oblations aujourd'hui sur votre
saint autel, et de ceux qui pour chacun a
offert ». Plus expresse encore est la *Liturgie*
grecque de *S. Marc* : « Agréez, ô Dieu, les
hosties, les oblations, les dons eucharistiques
de ceux qui vous en font l'offrande ». Et
nous-mêmes, dans le Canon du *Missel Romain*
ne prions-nous pas Dieu de se souvenir « de
ceux qui [lui] offrent ce sacrifice de louange
pour eux-mêmes et tous les leurs, pour la
rançon de leurs âmes, dans l'espoir qu'il les
gardera sains et saufs, et qui [lui] rendent
leurs vœux [= sacrifices], à [lui-même] vrai
Dieu vivant et éternel » ? A quoi s'ajoutent
tant de prières (*Secrètes,* ou autres) dans les
divers sacramentaires ou missels, celle-ci par
exemple de la 3e messe votive du *Sacra-*
mentaire de Bobbio : « Dieu tout puissant et
miséricordieux, à qui se rendent les vœux
dans Jérusalem, exaucez les prières de votre
serviteur [= celui qui fait dire la messe] souvenez-vous de son sacrifice, et rendez opulent
son holocauste ». Dans la *Messe Votive* mozarabe, dite *Singulière,* on bénit les gens avant
la communion en ces termes : « Que vos vœux
et vos sacrifices soient couverts de la grâce,
de la clémence et de la bénignité divine. »
Partout l'on voit celui qui a fait dire la messe
présenté à Dieu comme l'auteur du sacrifice.

Individu ou collectivité, il n'y avait aucune différence quant à l'essence des choses. La collectivité qui se cotise pour les messes paroissiales, ou l'individu qui fait les frais d'une messe votive, sont dans un rapport identique avec l'action sacrée et son terme ; pas d'autre différence que celle de l'oblateur individuel et de l'oblateur collectif ; mais de part et d'autre, c'est l'oblateur. Voilà ce qui ressort de la comparaison de nos prières liturgiques, et ce qui vient confirmer l'enseignement recueilli de la bouche des Pères et des écrivains ecclésiastiques.

Tous ces documents, soit liturgiques soit patristiques, figurent déjà dans l'étude précédemment consacrée à cette matière[1]. On peut en ajouter d'autres.

En première ligne, il y a lieu de demander à la Liturgie du *Pontifical Romain* pour la Dédicace des Églises ce que l'Église pense des autels qu'elle consacre. Le *Pontifical* est éloquent. Le chrême a coulé sur la table de pierre, l'encens l'a enveloppée de son nuage, et l'Évêque parle : « Seigneur, notre Dieu, que votre Esprit descende, nous vous en prions sur cet autel, pour y sanctifier NOS DONS AINSI QUE CEUX DE VOTRE PEUPLE (qui et dona nostra et populi tui in eo sanctificet), et purifier dignement les cœurs de ceux qui y

1. M. F., *loc. cit.*

communient (*et sumentium corda dignanter emundet*) ». Ce que cet autel portera, ce seront les dons du peuple aussi bien que ceux du prêtre ; c'est cela que l'Esprit devra venir sanctifier ; et, une fois sanctifié, c'est ce que les fidèles recevront par la communion. Or que reçoivent-ils, sinon la Victime du sacrifice ? Mais que reçoivent-ils encore d'après cette prière, sinon leur propre don ? Non pas deux choses, mais une : parce que le don est devenu la Victime, sans cesser d'être le don, et le don de ceux qui l'ont donné. Qu'on écoute encore. Une nouvelle onction, et cette fois l'Évêque s'adresse aux fidèles : « Frères très chers, prions Dieu Notre-Seigneur qu'il bénisse et consacre cette pierre, ointe de l'huile de la sainte onction, pour recevoir LES VŒUX ET LES SACRIFICES DE SON PEUPLE ; et que l'onction que nous avons faite, soit faite en son nom, afin que cet autel porte les vœux du peuple ». Encore un encensement de l'autel, et le chœur chante : « Moïse érigea un autel au Seigneur Dieu ; il y offrit des holocaustes. Immolant des victimes, il fit au Seigneur Dieu un sacrifice vespéral, en odeur de suavité, devant le peuple d'Israël ». Et l'Évêque reprend : « Implorons, frères très chers, la miséricorde de Dieu le Père tout puissant, afin que touché par le ministère de notre voix [suppliante], il sanctifie par le bienfait de sa bénédiction cet autel destiné à se couvrir de sacrifices spirituels [c'est-à-dire, célestes quant à leur réalité et sacramentels quant à leur apparence, par opposition aux sacrifices charnels de Moïse[1]], et que toujours il daigne bénir et sanctifier les oblations que ses serviteurs y auront déposées avec l'empressement d'une sainte dévotion ; et que, apaisé par un encens spirituel [c'est-à-dire par le sacrifice eucharistique], il ne tarde pas à répondre par son assistance aux prières de sa famille, par J. C. N. S. ». Et maintenant c'est à Dieu que s'adresse le discours : « Nous supplions humblement Votre Majesté, Seigneur, de daigner bénir et sanctifier puissamment cet autel, oint de la libation du saint chrême POUR RECEVOIR LES DONS DE VOTRE PEUPLE (ad suscipienda populi tui munera)..., afin que tout ce qui y sera dorénavant offert et consacré (quidquid deinceps super illud oblatum sacratumque fuerit) devienne holocauste digne de vous ». Puis enfin : « Comme vous avez accepté l'oblation de Melchisédech, votre prêtre souverain, ainsi daignez toujours accueillir favorablement les dons dont se chargera cet autel nouveau, afin que votre peuple se réunissant dans cette sainte maison de l'Église, grâce à ces libations soit sauvé par l'effet d'une sanctification céleste, et que [tous] obtiennent le salut éternel de leurs âmes,

1. M. F., 228 sq.

par J. C. N. S. Ainsi soit-il ». Qu'est-ce qui
ressort de là, sinon que le sacrifice est regardé
comme devant être (au moins toutes les fois
que les gens le veulent) le sacrifice du peuple ;
que ce sacrifice est son sacrifice, parce que
c'est son oblation, son don, déposé sur l'autel,
et transformé assurément par l'action de
l'Esprit sanctificateur, mais néanmoins offert
à Dieu, agréé par Dieu, comme le tribut de
ceux qui l'ont acquitté. Cela n'est-il pas clair
à l'évidence ? Et en faudrait-il davantage
pour nous faire savoir ce que c'est que l'autel,
et les dons de l'autel, et les pourvoyeurs de
l'autel, et les ministres de l'autel, et enfin
le sacrifice de l'autel, et quelle relation s'établit
entre tous ces éléments et ces facteurs d'une
même action sacrée ? Or, qu'on relise le rite
de la Dédicace, on y verra que ce thème est
le leit-motiv, qu'il revient sous vingt formes,
dont celles-ci ne sont que des spécimens.
Lex orandi, lex credendi. Il y aurait à gagner
pour la Théologie, dogmatique et morale, et
même pour le Droit Canonique, à tenir compte
davantage des données liturgiques. Les Pan-
dectes peuvent être utiles : mais elles passent
après.

A ces belles formules du *Pontifical* quel
commentaire lumineux apportent dans les
anciens Missels des prières comme celle-ci,
par exemple, en faveur des fidèles qui entre-
prennent un voyage : « Agréez, Seigneur, ces

sacrifices votifs de vos serviteurs (un tel et un tel)... Qu'ils parviennent au lieu qu'ils désirent », etc.[1]. C'était donc bien la messe le sacrifice, DES voyageurs.

Revenons aux Pères. Augustin a déjà fait entendre sa pensée dans un cas particulier. Elle va maintenant prendre la forme d'une théorie générale, destinée à illustrer le dogme du sacrifice rédempteur[2]. Ceux qui font offrir leurs sacrifices aux fausses divinités, ne se rendent pas compte de ceci : c'est que non seulement le sacrifice n'est dû qu'au vrai Dieu (sans quoi le démon lui-même ne prendrait aucun plaisir à en usurper l'honneur), mais que de plus, en principe, « il ne peut s'offrir de la façon voulue que par un prêtre saint et juste ; et encore à condition que celui-ci AIT REÇU CE QU'IL OFFRE DE CEUX POUR LE COMPTE DE QUI IL OFFRE ; et que ce soit une chose sans défaut aucun, afin de pouvoir être offerte pour la guérison de nos défauts. Du moins, conclut-il, c'est ce qu'ambitionnent tous ceux qui veulent qu'on offre pour eux un sacrifice à Dieu ». Voilà une théorie générale des sacrifices, théorie fondée non sur la révélation toute seule, mais sur le droit de nature,

1. « Accipe, Domine, haec famulorum tuorum N. votiva sacrificia : ... perveniant ad locum quem desiderant », etc. (*Missel Mozarabe, Missa de itinerantibus*, post-pridie, *P. L.*, 85, 996-997).

2. *Trin.*, 4, 14.

puisqu'elle est assez large pour couvrir le champ
des sacrifices du monde entier, c'est-à-dire
pour correspondre (selon S. Augustin) à l'intention de tous ceux qui font offrir des sacrifices : donc païens aussi bien que Juifs et
chrétiens. Or que contient-elle, entre autres
choses ? ceci : que le prêtre doit recevoir la
matière du sacrifice de celui qui recourt à son
ministère. Comment cela s'applique au sacrifice de la rédemption — d'une manière assurément fort analogique — c'est ce que S. Augustin se met ensuite en devoir d'expliquer.
Peut-être vaut-il la peine de remarquer que ce
morceau n'a pas passé inaperçu au Moyen-
Age : il figure dans les *Décrets* d'Yves de
Chartres[1], et de Gratien[2].

Auparavant Heterius et Beatus, dans leur
lettre contre Elipand[3], s'en étaient approprié
la première partie, en y ajoutant cette clause
significative, qui accentue le droit de propriété sur l'hostie : « Et ce sacrifice qui est
offert, ne peut être ni mangé ni bu que par
ceux pour qui il est offert[4] ».

1. *Decr.*, p. 2, c. 107.
2. *Decr.*, p. 2, caus. 1, 9. 1, c. 95.
3. *Adv. Elipandum*, 1, 67, *P. L.*, 96, 936. « Neque
potest hoc sacrificium quod offertur a quibuscumque
comedere et bibere (*lisez :* comedi et bibi) nisi tantum
ab ipsis pro quibus offertur ».
4. Pour ce qu'il y a de fondé dans cet exclusivisme
du droit à l'hostie chez l'offrant, voir M. F., 553.

N'est-il pas à propos aussi de relever cette curieuse expression de S. Grégoire[1], au sujet d'une oblation, envoyée par S. Benoît à une église voisine pour le repos de l'âme de deux religieuses qu'il avait excommuniées : « L'excommunication qu'elles avaient encourue ne fut levée que lorsque pour elles eut été IMMOLÉE CETTE OBLATION » (dum pro eis oblatio fuisset immolata). Bien grand réalisme, et qui souligne fortement la continuité du don sensible et de l'Hostie invisible.

Un des témoins les plus notables et les plus diserts qu'on pût invoquer serait S. Fulbert de Chartres, si son texte n'avait besoin d'une retouche, laquelle n'est d'ailleurs guère douteuse. Sa lettre 43e répond à une question sur les offrants, probablement celle qui avait déjà été soulevée par Walafrid Strabon : comment pouvons-nous dire à la messe : *qui tibi offerunt*, si les gens dont nous parlons, ne sont pas là avec nous pour offrir. Voici la solution de Fulbert : « Ce scrupule quant aux offrants peut se résoudre ainsi : tandis que nous sacrifions, ceux pour le compte de qui nous agissons, offrent par nos mains à Dieu le sacrifice de louange[2] ». Donc tranquillisez-

. *Dial.*, 2, 23, *P. L.*, 66, 178.

2. « Scrupulus autem ille de offerentibus ita solvi potest, quod, dum sacrificamus, illi pro quibus agitur, per manus nostras offertur (*lisez* : offerunt) Deo sacrificium laudis » (*Ep.*, 43, *P. L.*, 186, 224).

vous : ils ont beau être absents, ils offrent tout de même ; car nous autres, en sacrifiant, nous agissons pour leur compte, et par conséquent ils offrent à Dieu par notre entremise le sacrifice eucharistique. C'est l'application de l'adage du Droit : *Qui mandat ipse fecisse videtur*[1]. Ils font passer par nos mains ce qu'ils dédient à Dieu : présents ou absents, c'est offert de leur part. On n'en surprend pas moins dans ce « scrupule » la raison de l'adjonction que déplorait en son temps l'auteur du *Micrologue*[2], comme contraire à l'antiquité : *pro quibus tibi offerimus vel* (qui tibi offerunt). Ils sont absents ; il ne sont pas ici pour offrir leur propre sacrifice : disons donc pour plus de sûreté : « Souvenez-vous, Seigneur, de vos serviteurs et de vos servantes... *pour* (le compte de) *qui nous vous offrons* (malgré leur absence), *ou qui* (s'ils sont présents eux-mêmes) vous offrent (par nous) ce sacrifice de louange ». Ils offrent si bien que, dans la langue courante, on ne fait pas difficulté de dire : ils sacrifient. Berlendi[3] apporte en exemple ; cette expression d'un biographe de l'impératrice sainte Cunégonde, veuve de l'empereur S. Henri : « Après la lecture de l'évangile, selon la coutume

1. Voir plus haut les *Questions du Vieux et du Nouveau Testament*, et GUILLAUME DE PARIS.

2. C. 13, *P. L.*, 151, 985.

3. *De oblationibus.* p. 255.

qu'elle observait toujours, elle s'avança vers l'autel pour y sacrifier[1] », c'est-à-dire pour y porter ses dons. Et quand elle retourne à sa place, cela s'appelle revenir du sacrifice[2].

Mais au surplus, n'avions-nous pas entendu déjà S. Ambroise nous dire que Théodose, le jour venu, recommencerait à sacrifier ? Par contre il ne semble pas qu'il faille faire état des nombreux exemples de « célébrations de messes » par des laïcs[3], hommes ou femmes, qu'a rassemblés au même endroit Berlendi. *Celebrare missam* ou *celebrare missarum solemnia*, dans tous les cas envisagés, peut s'entendre du simple fait d'aller à la messe pour y assister. Cette acception du mot *celebrare* est très latine[4]. Il eût peut-être mieux valu nous signaler tels passages des biographies

---

1. « Cum post lectionem evangelii, suo solemni more sacrificatura accederet ad altare » (*Vita S. Cunegundis*, n. 10, *P. L.*, 140, 212).

2. « Post sacrificium rediens » (*loc. cit.*).

3. On aurait pu ajouter des exemples de « célébrations » par des clercs d'un ordre inférieur au sacerdoce. Ainsi d'Alcuin, qui n'était que diacre, le biographe écrit : « Celebrat omni die Missarum solemnia multa » (*Vita B. Alcuini*, n. 96, *P. L.*, 100, 104). Malgré les apparences, il s'agit là non pas de messes solennelles, mais de messes privées, dans lesquelles il n'est même pas vraisemblable qu'Alcuin fît fonction de diacre. Il y assistait simplement.

4. Voir *Thesaurus Linguae Latinae... Academiarum Quinque Germanicarum*.

médiévales, où l'on voit un laïc « offrir » la messe. Entendez qu'il la fait célébrer à ses frais. Par exemple, l'empereur Othon, après une victoire : « Ces événements une fois accomplis, le roi avec son armée offrit un sacrifice de louange au Christ, qui en toute chose avait comblé son vœu, et à son bras donné la force contre les ennemis[1] ».

Quoi qu'il en soit nous pouvons arrêter ici notre enquête sur le point capital : le fait de dresser la table de Dieu pour le sacrifice et tout ensemble pour l'associé de Dieu, qu'est le prêtre, constitue-t-il un titre spécial d'oblation, irréductible à tous autres ? Il semble bien que la voix de l'antiquité soit unanime. Sont auteurs du sacrifice, à leur manière, qui leur est propre et personnelle, les fidèles dont les dons sont par les mains du prêtre adressés à Dieu sous la forme du corps et du sang de Jésus-Christ, et quant au reste (non point facultatif, mais indispensable), servent sous leur forme naturelle à l'entretien du ministre de l'autel, qui en est aussi le convive de droit divin.

Ce sacrifice est le leur, comme il n'est celui de personne autre. Il n'est donc pas étonnant

---

1. « His itaque peractis, rex cum exercitu suo Christo offerebat sacrificium laudis, qui in omnibus suum adimpleverat votum, et contra inimicos confortaverat manum » (*Vita S. Mathildis*, n. 15, *P. L.* 135, 905. Voir plus bas).

qu'ils en disposent d'une façon spéciale en faveur de qui bon leur semble. L'unité que met la charité entre tous les enfants de Dieu, entre tous les membres du corps du Christ, fait que chacun de nous peut regarder comme un autre lui-même quiconque est en acte ou en puissance incorporé à cette unité vivante que l'Église forme avec le Christ en Dieu. Et par conséquent quiconque possède à titre spécial pour soi la force propitiatoire et impétratoire du sacrifice, peut aussi l'utiliser spécialement pour cet autre lui-même qu'est le prochain. Ce n'est pas sortir de soi ; et ainsi le suffrage n'est autre chose que l'extension ou l'intégration du profit personnel qui revient à tout offrant de l'offrande agréée de Dieu. A oblation spéciale, suffrage spécial. Celui qui a chargé l'autel, n'en tire pas seulement un fruit spécial pour lui-même, mais est maître de le partager d'une manière indivise avec ceux à qui le lie la charité.

Il semblerait que la question du *stipendium* et de son rapport avec la célébration et l'application de la messe dût être regardée comme tranchée. C'est la brebis du chrétien, comme jadis du Juif. Elle passe à Dieu non point par un ministère rémunéré d'en bas, mais doté d'en haut : et la dot du sacerdoce nouveau comme de l'ancien, c'est la communauté des acquêts établie à jamais par Dieu entre le prêtre et l'autel.

Et de fait, la question serait d'ores et déjà résolue : la conclusion s'imposerait pleinement, s'il ne restait à dissiper des apparences contraires, qui ont eu jusqu'ici la singulière fortune de masquer aux yeux des critiques les plus exercés la réalité des choses. Berlendi lui-même, malgré la justesse habituelle de ses vues, s'y est laissé prendre peut-être par endroits[1], comme Mabillon[2] et tant d'autres, et de nos jours encore le distingué auteur de l'article *Honoraire de Messes* dans le *Dictionnaire de Théologie Catholique*. C'est maintenant le lieu de les examiner.

III

Toutes les objections se concentrent sur un point. Elles visent à faire évanouir cette identité substantielle, qui a été supposée dans tout ce qui précède, entre les anciennes « oblations » des fidèles à l'autel et les modernes « honoraires » de messes. On invoque des différences, qui se prennent soit de l'offrant, soit de l'offrande, soit de celui qui la reçoit, soit du lien qui s'établit entre ces divers

1. P. 278 sq. et 476.
2. *Acta Sanctorum* O. S. B., Saecul. 3, pars 1, praef. n. 62.

termes[1]. Du côté de l'offrant, on objecte le
passage du collectif à l'individuel ; du côté
de l'offrande, le passage des denrées en nature aux deniers ; également, la différence
entre une oblation faite cérémoniellement
pendant la messe et un versement fait
en dehors de toute célébration liturgique,
voire longtemps avant ou longtemps après ;
du côté du bénéficiaire, l'oblation à un prêtre
déterminé, au lieu du clergé en masse ; enfin,
et surtout, l'obligation contractuelle de célébration et d'application, inconnue, dit-on,
des anciens, tandis qu'elle est aujourd'hui
courante[2].

1. On rencontre parfois une objection qui ne sera
pas relevée ici. Il y avait dans l'antiquité, nous dit-on,
des oblations qui ne se reliaient en aucune façon à
la messe. Donc, on ne peut pas identifier oblations
et *stipendium*. — Il est bien clair que, quand on
compare le *stipendium* aux oblations, on envisage
exclusivement les oblations qui se faisaient en vue
de la messe, celles que les Liturgies ou les Pères appellent les hosties, les sacrifices des fidèles ; et non
pas les autres, qui n'avaient avec la messe aucun
rapport. De nos jours aussi subsistent quantité d'o-
blations sans rapport avec le sacrifice, et elles sont
assurément fort différentes aussi du *stipendium* :
telles celles que l'usage consacre, et que la loi sanc-
tionne, à l'occasion des sacrements.

2. Les objections sont faites principalement par
l'Espagnol Mostazzo, dans son traité *De Causis piis*,
lib. 5, cap. 12. Il est difficile de ne pas signaler l'insuffisance de cette dissertation, laquelle ni quant à la

Vraiment, le premier point, passage de la collectivité à l'individu, ne devrait pas arrêter l'esprit. Qu'une personne morale ou une personne physique se trouve au point de départ de ce processus liturgique, où est la différence ? Plusieurs personnes, par exemple la totalité de la paroisse ou une fraction de la communauté, ne peuvent-elles pas conspirer à offrir activement le sacrifice, disons à fournir la matière adéquate (plus ou moins opulente) d'un sacrifice ? Mais de nos jours encore cela n'est-il pas d'un usage constant ? N'y a-t-il pas des villes qui font dire des messes, ou des Conseils municipaux, ou des associations de gymnastique, ou des sociétés de vétérans, ou des groupements de jeunesse, ou des congrégations de la sainte Vierge, ou des confréries, ou des mutualités, ou simplement une rencontre fortuite de quelques amis qui se cotisent en faveur d'un défunt ? Du point de vue qui nous occupe en ce moment, et qui est celui de la pluralité, en quoi cela diffère-t-il des anciennes synaxes des fidèles ? D'autre part, y a-t-il dans le Droit présent une différence entre ce *stipendium* collectif et le *stipendium* individuel de Pierre ou de Paul ?

profondeur ne peut se comparer à Thomassin, ni, pour ce qui est de l'érudition, n'approche à beaucoup près de Berlendi.

Assurément non ; les mêmes règles régissent l'un et l'autre. Mais de plus est-il vrai que les oblations des premiers chrétiens fussent toujours collectives ? Mais ces veufs ou ces veuves, qui solennisaient par un sacrifice l'anniversaire de leurs défunts, n'étaient-ils pas des oblateurs singuliers ? à moins de supposer que cet anniversaire tombait invariablement un jour de synaxe publique : ce qui est absurde. C'étaient si bien des sacrifices particuliers, au regard de l'oblation, que longtemps l'usage s'est conservé de ne pas admettre le public à l'offrande dans ces messes et de ne pas lui donner la communion (car offrande et communion étaient dans la pensée des anciens régulièrement liées ensemble). — Mais ces exemples sont peu nombreux. — Dans la littérature, oui ; mais dans les faits, qu'en savons-nous ? Les anciens n'étaient pas occupés à écrire des diaires pour nous informer de ce qu'ils faisaient tous les jours. Au surplus, ces exemples sont cités comme des choses nullement exceptionnelles, voire même (Tertullien) comme des choses de règle. — Mais du moins ces oblations individuelles ne se produisaient qu'aux anniversaires. — Et quand cela serait ; le principe était posé : que son application fût rare ou non, il n'en resterait pas moins que l'oblation individuelle était de tradition dès le milieu du troisième siècle, à côté de l'oblation

collective, et que leur prétendue hétérogénéité
ne semble pas avoir frappé les esprits d'alors[1].
Offrant, dès ces temps-là, l'individu ; comme
plus tard nous voyons qualifiés d'offrants
dans les liturgies tous et chacun des fidèles
qui concourent par leurs dons à la célébration
d'un seul et même sacrifice. Mais il y a plus :
le cas ne se restreint pas aux anniversaires.
Voici un cas d'oblation individuelle faite en
dehors de toute circonstance funèbre dès la
première moitié du IVe siècle. A Thomassin[2]
revient (sauf erreur) le mérite de l'avoir exhumé
de l'oubli dans lequel on laisse trop volontiers
dormir les historiettes d'Épiphane. Épiphane[3]
tient le fait d'un Juif converti, personnage
considérable, créé comte par Constantin, Jo-
sèphe de Tibériade, qui longtemps après, sous
le règne de Constance, le lui rapporta comme

---

1. On pourrait aussi bien faire la même objection
contre l'identité substantielle de l'action sacerdoatle
d'aujourd'hui avec celle d'autrefois ; vu que jadis
les prêtres ne célébraient pas individuellement, mais
collectivement ; ce qui est encore la règle dans les
Églises de rite oriental. Alors faut-il en conclure que
le rôle du célébrant moderne n'est plus le même que
celui du célébrant primitif, ou que prêtres Latins et
prêtres Grecs catholiques ont des conceptions différentes de leurs attributions respectives ?

2. *Vetus et Nova Ecclesiae Disciplina*, pars 3, lib. 1,
cap. 70, n. 2. En tout cas, Berlendi se trompe en le
citant (*De oblationibus*, p. 295) comme inédit.

3. *Haeres.* 30, n. 4-6.

en ayant été témoin oculaire « à travers
les fentes d'une porte ». Un certain Hillel,
descendant de Gamaliel, et « patriarche » des
Juifs, s'était fait baptser secrètement à son
lit de mort par l'Évêque de Tibériade, et en
même temps initier (comme de raison) aux
« sacrés mystères » de l'eucharistie. La cérémonie achevée, « il tendit à l'évêque une
masse d'or très considérable, en lui disant :
Offrez pour moi (πρόσφερε ὑπὲρ ἐμοῦ) ». C'est
bien le cas d'un chrétien offrant individuellement, ni plus ni moins que les veufs ou les
veuves de Tertullien, ou plus tard de S. Grégoire, mais avec cette différence que le sacrifice
sera célébré pour lui, et non pour un mort[1].

1. On pourrait être tenté de rapprocher de ce fait
l'anecdote que le R. P. ORTOLAN (D. T. C., *Honoraires
de Messes*, col. 74) emprunte à la *Vie de S. Jean
l'Aumônier* par LÉONCE DE NAPLOUSE (c. 9, n. 50,
dans les *Acta Sanctorum*, 23 janvier, éd. Anvers 1643,
p. 508 ; ou c. 25, dans *P. L.*, 73, 362) ; mais en réalité
il ne s'agit pas ici d'une offrande de messe, mais d'une
simple aumône avec demande de prière : ensuite de
quoi le saint célèbre, apparemment à l'insu du donateur L'exemple d'Ulthrogothe, rapporté par GRÉ-
GOIRE DE TOURS (*De miraculis S. Martini*, 1, 12. *P. L.*,
71, 926), ou celui de S. Benoît cité plus haut, n'est
pas probant dans l'espèce, non plus : parce qu'il n'apparaît pas avec certitude qui ni la reine, ni le saint
aient été oblateurs exclusifs. Quant au témoignage
de BÈDE (*Hist. Eccl.*, 4, 22. *P. L.*, 95, 205-207), il
ne concerne que des offrandes de messes (offrandes
en nature ou en argent, peu importe) pour des gens

S. Épiphane conte la chose, avec les suites qu'elle eut, comme curieuse à divers points de vue, sur lesquels il s'étend assez longuement, mais nullement comme représentant une pratique insolite. Il est d'ailleurs vraisemblable que le néophyte se conformait (avec une générosité peut-être exceptionnelle) à des usages de lui connus.

Au surplus, comme l'ont remarqué les liturgistes, la multiplicité des messes privées[1] dut favoriser l'usage des offrandes individuelles, lequel trouva un nouveau stimulant, et à coup sûr trouva une expression appropriée, dans la liturgie des messes dites « votives », non pas au sens moderne du mot, mais au sens ancien de messes demandées spécialement par quelqu'un, et acquittant l'offrande, le vœu, le sacrifice particulier d'un fidèle ou d'un groupe de fidèles, par opposition aux messes ordinaires de la paroisse ou de la communauté. On en a déjà rencontré quelques-unes plus haut. En voici un autre exemple, emprunté au *Sacramentaire Gélasien*, messe pour un chef de famille dans sa maison[2] : « *Infra actionem :*

présumés morts, comme dans le cas de la veuve dont parle saint Grégoire.

1. Voir comme S. GRÉGOIRE distingue énergiquement les messes publiques de celles qui ne le sont pas, dans sa lettre à Félix de Pesaro (*Ep.* 1. 6, 46. *P. L.*, 77, 852).

2. A rapprocher de la lettre par laquelle S. GRÉ-

Cette oblation donc de votre serviteur *un tel*, qu'il vous offre pour ses vœux et ses désirs et pour la sauvegarde de sa maison, agréez-là, Seigneur, nous vous en supplions. Soyez-lui propice, alors que pour lui j'implore dans sa propre maison le secours de votre Majesté, pour que vous daigniez lui envoyer votre ange saint, avec mission de garder tous ceux qui habitent cette demeure[1] ». C'est son sacrifice qu'il vous offre, lui, ce père de famille, chez qui je célèbre. Et le même *Sacramentaire*, dont on sait l'antiquité respectable, nous permettrait de multiplier les exemples. Il y a la messe pour l'anniversaire de naissance : « *Secrète.* Écoutez, Seigneur, nos supplications, et agréez avec une bonté propice l'oblation de votre serviteur *un tel*, qu'il vous offre pour l'anniversaire de sa naissance, au jour où vous l'avez fait sortir du sein maternel ». « *Infra actionem :* Cette oblation donc de votre servi-

GOIRE prescrit à Jean de Syracuse de laisser dire la messe dans la maison de Venance, avec qui il s'était brouillé, et même d'y aller en personne, si cela peut favoriser la réconciliation. *Ep.* 6, 44. *P. L.*, 77, 851.

1. « *Infra actionem :* Hanc igitur oblationem famuli tui *illius*, quam tibi offert pro votis et desideriis suis atque pro incolumitate domus suae placatus suscipias deprecamur : pro quo in hac habitatione auxilium tuae majestatis deposco, ut mittere ei digneris angelum tuum sanctum, ad custodiendos omnes in hac habitatione. Per. » (*Sacr. Gel.* 3, 73. Éd. Wilson, p. 284. *P. L.*, 74, 1225).

teur un tel, qu'il vous offre pour célébrer l'anniversaire de sa naissance, au jour où du sein maternel vous le fîtes entrer en ce monde afin de vous connaître vous, le vrai Dieu vivant : nous vous en supplions, Seigneur, agréez-la dans votre clémence ; c'est dans cette intention, ô vrai Dieu vivant, qu'il vous rend ses vœux[1] etc. ». Même style dans la messe pour celui qui fait les frais d'une *agape*[2], dans la messe nuptiale[3], dans la messe pour le 30e anniversaire du mariage[4], etc. Dans chacune, il y a quelqu'un qui, par l'intermédiaire du prêtre, offre la messe, sa messe. L'oblation individuelle était aussi élastique que l'oblation collective. Etait-elle plus fréquente, ou moins fréquente, nous ne saurions le dire :

1. « In natale genuinum. *Secreta :* Adesto, Domine, supplicationibus nostris, et hanc oblationem famuli tui *Illius*, quam tibi offert ob diem natalis sui genuinum, quo die eum de maternis visceribus in hunc mundum nasci jussisti, placidus ac benignus assume. »

« *Infra actionem :* Hanc igitur oblationem famuli tui *Illius*, quam tibi offert, diem natalis sui celebrans genuinum, quo die eum de maternis visceribus in hunc mundum nasci jussisti, ad te cognoscendum Deum verum et vivum, placatus suscipias deprecamur : ob hoc igitur reddit tibi vota sua Deo vivo et vero » etc. (*Sacr. Gel.*, 3, 53. Éd. Wilson, 269. P. L., 74, 1215).

2. *Sacr. Gel.*, 3, 48. Éd. Wilson, 262. P. L., 74, 1212.

3. *Ibid.* 3, 52. Wilson, 265. P. L., 74, 1213-1214.

4. *Ibid.*

et cela variait sans doute beaucoup d'après les pays.

Le fait d'Hillel, en même temps qu'il atteste l'individualité de l'offrande, répond aussi à l'objection tirée de la substitution des dons en espèce aux dons en nature. On voit que l'équivalence peut invoquer des titres anciens[1]. Si la règle de S. Chrodegang, au milieu du VIIIe siècle, codifie, à l'usage des chanoines de Metz, l'usage des oblations en numéraire (comme il semble bien) entre les mains d'un prêtre particulier, « pour sa messe » (pro missa sua), il n'est pas vraisemblable qu'elle ait rien inauguré ; et de fait son objet est seulement de déterminer ce qui se fera de cette somme. Le prêtre « en fera ce qu'il voudra[2] » ; c'est-à-dire qu'elle n'ira pas à la mense commune. Si au contraire le fidèle avait donné à la communauté, la communauté célébrerait, et s'approprierait l'aumône. Cette règle atteste, si on veut bien entrer dans l'état d'esprit de l'auteur, que l'usage de ces offrandes individuelles en espèces était courant[3], mais que,

---

1. Il n'y a pas lieu d'y ajouter comme le fait le R. P. ORTOLAN (*op. cit.*, 71 et 73), la lettre d'AUGUSTIN à Aurèle (*Ep.* 22, 1, 6. P. L., 33, 92), laquelle en réalité ne concerne pas des oblations faites à l'autel ou pour des sacrifices.

2. « A tribuente accipiat, et exinde auod voluerit faciat » (*Regula Canonicorum*, 42. P. L. 89, 1076).

3. L'assertion de THOMASSIN (*op. cit.*, pars 3, lib. 1,

étant donné la vie commune et la mense
commune inaugurées dans le clergé diocésain
par S. Chrodegang, il y avait lieu d'ajuster
l'usage sous ses diverses formes à la condition
nouvelle des choses : c'est ce qui fut fait.

Pendant longtemps les deux formes d'offrandes, nature et espèces, coexistèrent dans
l'Église, et coexistèrent comme absolument
équivalentes. Au début du xe siècle, l'impératrice S. Mathilde, femme d'Henri l'Oiseleur,
avait l'habitude d'offrir tous les jours pain et
vin pour le salut et la prospérité de toute
l'Église : « Mos quippe fuerat sanctae dominae
cotidie sacerdoti ad missam praesentare oblationem panis et vini pro salute et utilitate totius
sanctae Ecclesiae[1] ». « Jamais, nous dit ailleurs[2]
le biographe, elle n'approcha de l'autel les
mains vides, ni dans le mariage ni dans la
viduité. » Mais voilà que justement, lors de
la transition entre ces deux états, c'est-à-dire

cap. 71, n. 8), sur les débuts de cette pratique est
plus nuancée que ne devait l'être ensuite celle de
Mabillon. « Pipini et Caroli Magni aevo JAM COEPERANT
fideles », dit Thomassin : ce qui laisse le point de
départ tout à fait indéterminé. — « Id fieri coeptum,
ut videtur, saeculo octavo » : cette précision de MA-
BILLON (*Praef. ad saecul. 3 S. Benedicti*, pars I, n. 62)
est excessive, et, pour le dire vrai, insoutenable.

1. *Vie de S. Mathilde*, écrite par ordre de son ar-
rière petit-fils, S. Henri, n. 19. P. L. 135, 910.

2. N. 10, col. 900 : « Nunquam vacua manu ad
altare venit. »

le jour de la mort de son mari, prise au dépourvu par l'heure tardive, elle s'inquiète
de savoir si on trouverait encore un prêtre
à jeun « pour chanter la messe de l'âme de
son seigneur ». Il s'en présente un, qui « n'avait
rien goûté encore ». Alors d'un mouvement
du petit doigt elle faisait tomber de son bras
deux bracelets merveilleux, forgés avec tant
d'art qu'ils n'auraient pu être détachés que
par un orfèvre : « Prends cet or, dit-elle, et
chante la messe des âmes[1] ». La sainte impératrice (ou du moins son biographe) ne
semble pas voir de différence essentielle entre
les dons ordinaires et ce métal, sinon celle
d'une générosité plus grande, inspirée par
le souci d'un suffrage plus efficace.

S. Pierre Damien nous parlait tout à l'heure
de vivres présentés en offrande ; par ailleurs
tout le monde sait que dans son enfance
petit porcher, maltraité, en proie à la faim,
il trouva un jour une pièce de monnaie, et
au lieu de toutes les douceurs et de toutes les
délices que son imagination ne manque pas de
lui représenter (« dum suavibus cunctis egeret,

---

1. N. 9, col. 897. C'est d'une manière analogue
que nous voyons S. Henri, à Cluny, offrir à la messe
une couronne d'or — du moins s'il faut en croire
l'auteur assez médiocre d'une *Vie* tardive. « Coronam
auream pretiosissimis gemmis adornatam ad missam
(quae de Cathedra S. Petri celebrabatur) obtulit »
(*Vita S. Henrici*, c. 4, n. 32, P. L. 140, 126).

dulcis appetitus per mollia quaeque puerilem mentem trahebat »), il se prit à penser que ce trésor (« tanquam subito dives effectus, gratulabundus, quid eo mercari aptius posset, diu mente revolvere coepit ») serait mieux employé à soulager l'âme de son père défunt, et il le donna à un prêtre avec prière de célébrer à cette intention (« qui Deo sacrificium offerat pro patre »)[1]. Lui non plus ne voit pas apparemment de si grande différence entre vivres et argent. Ici des deniers, ailleurs un repas tout préparé.

Mais écoutons Honorius d'Autun[2]. Il se se fait l'écho d'une tradition, d'après laquelle le peuple aurait autrefois fourni la farine des pains d'autel (évidemment avant la messe) ; ce qui donnait tout son sens, note-t-il, à la phrase du Canon : *Omnium circumstantium qui tibi hoc sacrificium laudis offerunt ;* vu que tous ces oblateurs de farine assistaient à la messe (« nam singuli farinam offerentium missae interfuerunt »). Qui plus est, ils communiaient ; mais la communion s'étant raréfiée, la farine devint superflue. Il fut donc entendu qu'on la remplacerait par des deniers (« statutum est ut... populus pro oblatione farinae denarios offerret »). Quoi qu'il en

1. JOANNES monachus, *Vita B. Petri Damiani,* 2, P. L. 144, 116-117.
2. *Gemma animae,* 1, 66. P. L. 172, 564.

soit du fait, il n'est pas douteux que dans
l'esprit d'Honorius ce denier joue le même
rôle que la contribution en nature. Ailleurs[1]
il nous dit en toutes lettres : « Les laïcs sacrifient ceux-ci de l'or, ceux-là de l'argent, et
d'autres une autre substance ». En fait d'autre,
substance, il n'énumère dans les lignes qui
suivent que le pain, le vin et l'eau. L'équivalence des dons en nature et en espèces
est illustrée chez lui par cette curieuse remarque : qu'on a donné aux pains la forme
de pièces de monnaie : « Panis in formam
denarii formatur[2] ». Il y aurait même eu un
décret en ce sens : « Statutum est eum [panem]
in modum denarii formari[3] ». C'est maintenant
le pain lui-même qui vient s'assimiler, quant
à la forme extérieure, aux deniers, après que
les deniers ont été assimilés au pain quant
à leur portée liturgique. On « sacrifiait » de l'or
ou de l'argent, comme jadis on avait « sacrifié »
du pain et du vin, parce que le pain et les
deniers étaient entre les mains du prêtre inter-
changeables. A l'heure voulue, avec des deniers
on ferait du pain, le pain du sacrifice. Il semble
que nos aïeux avaient des idées fort claires

1. *Ibid.* I, 27, col. 553 : « Quidam de populo aurum,
quidam argentum, quidam de alia substantia sacri-
ficant. »

2. *Ibid.* I, 35, col. 555.

3. *Ibid.* I, 66, col. 564.

sur la transition qui préoccupe aujourd'hui les modernes[1].

Ce n'est pas à dire que l'innovation ait toujours et partout passé sans soulever de protestations. On sait qu'il n'y avait pas de Congrégation du Concile alors, ni de Saint Office ; et ce qui était sanctionné par l'autorité dans un pays, pouvait paraître ailleurs abusif. De plus, il est manifeste qu'en se muant en argent l'oblation perdait son caractère éminemment visible d'hostie du sacrifice, et par suite se prêtait à passer aux yeux des gens grossiers pour un salaire, pour une rétribution, pour le payement d'une chose sainte, pour le prix du sang de Jésus-Christ, pour le denier de Judas, ou simplement pour la monnaie de Simon le Magicien. D'où les invectives des

1. Non pas tous, comme on le verra plus loin. Notons, en attendant, que le savant LUPUS (Wolf), dans sa *Dissertatio de Simoniae crimine*, c. 11 (au tome 4 de sa collection *Synodorum General. ac Provinc. Decr. et Can.*, Venise 1724, p. 86) après avoir décrit l'évolution des dons, à travers les trois stades, pain, farine, argent, en conclut que notre stipendium d'aujourd'hui, vu son équivalence avec les anciennes oblations, peut se piquer d'être « d'institution apostolique ». Exinde ergo missam sibi celebrari volens eam oblato denario postulat a sacerdote : et hic est denarius, quem Wicleffistae, Lutherani et Calvinistae hostiliter insectantur. At sine fundamento. Est enim, licet non ista specie [pecuniaria], tamen in substantia ac valore [pro sua aequivalentia ad oblationes pristinas] INSTITUTUM APOSTOLICUM ».

saintes gens, des gens timorés, contre certains
prêtres, qui de fait semblaient bien par leurs
allures mercantiles donner corps à cette manière de voir. C'est l'explication de l'attitude
de Pierre Chantre[1] en face de « la vénalité
des messes » (venalitatem missarum). « En fait
de péché, dit-il, nous ne lisons pas qu'aucune
turpitude, aucune énormité, ait provoqué et
enflammé la colère du Seigneur comme la
vénalité de la colombe eucharistique (sicut pro
venalitate columbae, maxime eucharistiae)[2]. »
On sait que l'eucharistie était alors en maintes
églises conservée dans des colombes d'or au-
dessus de l'autel. « La cupidité a fait son
domaine de ce sacrement, qui est sans prix[3] ».
« Alors que tous les autres vices, pris de tremblement, se tiennent à l'écart des enceintes
consacrées, la simonie, elle, a envahi jusqu'aux
autels[4]. » Et pourtant il ne condamne pas
le principe ; il se plaint au contraire que le
principe ne soit pas respecté, parce que la con-

1. *Verbum abbreviatum*, c. 28. P. L. 205, 102.

2. *Ibid.*, c. 27, col. 99.

3. « Cupiditas dominatur in hoc sacramento, quod
impretiabile est » (*ibid.*, col. 100).

4. « Cum omnia cetera vitia trepident et exsulent
a locis sacratis, simonia ipsa altaria invasit » (*Ibid.*,
col. 102). Entre temps, on peut relever encore
d'autres qualificatifs que celui de vénalité ou de simonie : lèpre de Giezi, denier de Judas, etc. Voir le fragment du ch. 27, qui sera cité plus bas.

séquence de certains manèges est justement
de frustrer les fidèles du fruit de la messe, en
en faisant servir une seule à l'acquit de plusieurs offertoires : « Alors que pourtant, selon
la doctrine reçue, plus est fréquente et plus est
spéciale l'oblation du sacrement de l'autel
pour les fidèles, plus ils en retirent de fruits[1]. »
Que le prêtre ne croie pas s'en tirer par une
application commune, lorsqu'il s'est engagé
à des applications spéciales[2]. On voit que
l'objection de vénalité ou de simonie vise chez
Pierre Chantre non pas toute transaction
pécuniaire, ni l'obligation de stricte justice
qui peut s'ensuivre, mais précisément cette
transaction qui impliquerait un trafic, et avec
elle tout ce qui peut en accréditer l'idée ou
l'apparence.

L'évolution des dons eut pour effet de faciliter la taxation des offrandes. Il est clair
que les dons en nature se prêtent moins à
une évaluation stricte. D'autre part, il est clair
également que l'évaluation stricte se prête
davantage à une interprétation mercantile.
Serait-ce le motif qui aurait déterminé le

1. « Cum habeat auctoritas, quia, quanto saepius
et specialius pro eis offertur sacramentum altaris,
tanto amplius refrigerium percipiunt » (*ibid.*, c. 29,
col. 105).

2. « Peragens enim generalia non est absolutus
a specialibus quae supplicans sibi intellexit promitti »
(*Ibid., col. 106*).

Chapitre Général des Cisterciens en 1182 à porter ce décret, qui semble bien être le premier de son genre dans les Annales de l'Église, et qui paraît unique dans les Annales de l'Ordre : « Défense de promettre des messes pour un pacte [à somme] fixe, parce que c'est simoniaque[1] » ? On remarquera d'ailleurs que la rédaction est quelque peu lâche ; d'où une certaine indécision peut-être encore quant au vrai sens de la formule, sur lequel le contexte ne jette aucune lumière. Mais plus net assurément est le 3e Canon du Concile d'Évreux de 1195 ; prohibant tout engagement de célébrer pour un « prix convenu[2] ». On peut y joindre encore un concile bien postérieur, celui de Tolède, en 1324[3], qui constate avec douleur (multa mentis amaritudine) que certains prêtres « exigent de l'argent pour les messes à célébrer » (pro missis per eos celebrandis pecuniam exigunt) ; à ce premier tort ils en ajoutent un autre, celui d'un « marchandage éhonté » (impudenter mercantur). Ces gens-là « vendent la grâce de Dieu ».

1. « Pro pacto certo nulla fiat missarum promissio, quia simoniacum est » (MARTÈNE, *Thesaurus Novus Anecdotorum*, tom. 4, col. 1253).

2. « Decrevimus prohibendum ne sacerdos aliquis pro celebratione missarum pretio constituto pactum ineat ; sed sed hoc duntaxat quod offeretur in missa recipiat » (Mansi, 22, 653).

3. Chap. 5. Mansi, 25, 733-734.

On croirait, à les voir, que « Dieu lui-même qui se présente à nous sous les apparences de ce sacrement, est à vendre pour de l'argent » (ipsum Deum, qui nobis sub specie dicti sacramenti se exhibet, pecunia vendi posse). C'est pourquoi « nous interdisons formellement aux prêtres d'exiger pour la célébration des messes ni argent ni autre chose temporelle » (districtius prohibemus ne aliquis presbyter pro missis celebrandis pecuniam exigat vel rem aliam temporalem) ; « qu'ils se contentent d'accepter avec reconnaissance ce qui leur aura été offert charitablement par celui qui fait célébrer la messe : sans pacte, sans convention, aucune » (absque pacto et conventione quacumque). Il est visible que les vénérables auteurs de ces décrets conciliaires ou capitulaires étaient troublés par l'allure commutative que prenait la transaction pécuniaire entre prêtre et fidèles, dès là que s'oblitérait dans les esprits la notion de l'équivalence entre les oblations primitives et leur traduction en deniers. Cette oblitération était déjà chose faite dans leur propre esprit probablement ; et c'est ce qui explique qu'au lieu de dénoncer les abus, ils se soient attaqués au principe. Sur ce terrain l'Église universelle ne les a pas suivis : ils apparaissent comme des isolés, on pourrait dire comme une quantité infinitésimale, et partant négligeable, dans la foule immense des docteurs (théologiens ou canonistes) et des pasteurs, qui à travers les siècles du Moyen-Age assistèrent à cette évolution de l'offrande, sans s'en émouvoir autrement que pour l'expliquer et la justifier par le rappel opportun des origines dont elle dérive et qu'elle prolonge. Il n'y avait pas à nier le pacte, mais il y avait à le définir en des termes propres à sauvegarder la gratuité des deux contributions, celle du fidèle et celle du prêtre, tout en maintenant un lien de justice étroite entre leurs obligations réciproques : et c'est ce qui se fait en invoquant la sainteté du dépôt confié par le mandant au mandataire, par l'auteur du sacrifice à son consécrateur, par celui qui fait l'envoi du don à celui qui en assume la transmission.

Un autre effet de cette même évolution fut l'espacement plus long des distances entre le versement des offrandes et l'acquit de la messe. Ce n'est pas à dire que les dons en nature ne fussent jamais versés avant la célébration ; nous avons la preuve du contraire dans la veuve de la petite histoire de S. Pierre Damien. Nous le savons aussi par les doléances de tous ceux qui se plaignaient que les fidèles ne vinssent plus en personne faire valoir leurs offrandes aux messes qu'ils faisaient célébrer. Enfin le cas est évident dans les messes votives pour les malades, telles que celle-ci du *Sacramentaire Gélasien* : « O Dieu, à qui obéissent les vicissitudes de notre vie, accueillez les

prières et les HOSTIES de vos serviteurs et de
vos servantes, à qui nous vous prions de faire
miséricorde dans leur maladie, afin qu'à la
crainte pour leur péril succède la joie de leur
guérison[1] ». Sans avoir été portés par leurs
mains à l'autel, ces oblations, ces dons, n'en
étaient pas moins leurs hosties, leurs sacrifices,
leurs vœux[2]. En soi le plus et le moins, en fait
d'intervalle, n'affectaient pas la cause. Mais
d'autre part, on conçoit que des dons en nature,
dont une part serait employée à la célébration,
ne pouvaient pas attendre indéfiniment. Au
contraire, le numéraire pouvait patienter, et
même devait quelquefois nécessairement attendre longtemps son tour. Lorsqu'un fidèle
demandait plusieurs messes, il était forcé que
la seconde passât après la première, et ainsi
de suite. Mais en même temps s'affaiblissait
d'autant la visibilité du lien liturgique entre
l'offrande et la célébration. D'où péril plus
grand d'y substituer la fâcheuse imagination

1. « Deus sub cujus nutibus vitae nostrae momenta
decurrunt, suscipe preces et hostias famulorum et
famulorum tuarum, pro quibus misericordiam tuam
aegrotantibus imploramus, ut de quorum periculo
metuimus, de eorum salute laetemur » (*Sacr. Gel.*,
3, 70. Éd. Wilson, p. 282. P. L. 74, 1224).

2. Sans compter que de très bonne heure déjà
s'était établi l'usage de ne plus présenter à l'autel,
mais de porter à domicile les victuailles destinées
non pas à la consécration, mais à la subsistance du
clergé célébrant. Affaire de commodité et de décence.

d'un contrat d'échange entre prestation temporelle et service spirituel. Néanmoins on ne
voit pas que cet écartement des distances ait
grandement[1] préoccupé les anciens (si soucieux
cependant d'écarter tout pacte de ce genre,
non seulement des autres sacrements, mais
encore et surtout[2] de la messe). Aussi est-on
tout surpris de voir des modernes en faire
arme contre la continuité logique et l'identité
pratique des oblations en nature et des oblations en espèces. Autant dire que la communion,
si elle se sépare de la messe, n'est plus une
participation au sacrifice : alors qu'est-elle ?
Je célèbre aujourd'hui ; on communiera dans

1. Sauf ici encore des exemples isolés, tels que
e Concile d'Évreux de 1195, cité ci-dessus (« quod
offeretur in missa »). Mais encore est-il clair que l'accent n'est pas mis sur le moment de l'offrande, mais
sur sa spontanéité.

2. PIERRE CHANTRE (*op. cit.*, c. 27, col. 99-102) :
« Si venalitas, lepraque Giezi, et simonia Simonis
adeo turpis est et damnabilis in appendiciis sacramentorum, [v. g. heures canoniales], ut supra [c. 26]
innotuit, quanto magis et in ipsis substantiis sacramentorum, praecipue in eucharistia !... Quid periculosius quam [cf. col. 417] quod caeci ipsum Dominum patiuntur turpius vendi quam a Juda venditus
fuerit, in aliis sacramentis venalitatem aperte cernentes, in hoc vero non ?... Turpius Christum vendimus quam Judas. ...Ille pro triginta argenteis, nos
pro denaris et pretio vilissimo. » Il parle à cet endroit
pour ceux qui employaient des pratiques abusives,
éveillant de trop près les idées de lucre et de commerce.

huit jours : il est bien vrai que le rapport du sacrement au sacrifice s'estompe dans ce délai ; mais il ne s'abolit pas, et ne peut s'abolir : il est essentiel. Et de même le rapport de l'oblation des dons à leur consécration sacerdotale. Le temps ne fait rien à la chose : pas plus pour nous que pour les médiévaux, ou pour tant d'autres avant eux, sans reparler même d'Hillel et de l'évêque de Tibériade. Et quand même le versement ne viendrait qu'après la messe ? Qu'importe, pourvu qu'ait précédé l'engagement contracté de n'y point manquer (à peu près comme la satisfaction suit en nos jours et précédait autrefois l'absolution sacramentelle) ? Ce point reviendra plus tard.

Mais du moins, dira-t-on, il y a une différence irréductible entre les oblations anciennes destinées à tout le clergé, et les oblations postérieures au profit d'un seul prêtre. — Ici encore, il ne faut pas se laisser piper par des différences purement accidentelles, qui ne touchent pas la substance du lien entre oblation et célébration. Il est très vrai qu'autrefois la majorité des cas comportait la répartition des offrandes du sacrifice entre tout le clergé ; mais quoi d'étonnant ? La synaxe eucharistique, de même qu'elle attirait tous les fidèles et supposait les oblations de tous les fidèles, de même aussi ne se concevait pas sans la participation de tous les clers, chacun officiant

de concert avec les autres, dans une célébration
de tous les ordres et de tout le personnel de
chaque Ordre. Il était logique que les oblations allassent à tous, suivant leur rang.
Elles allaient aussi aux pauvres[1] : ce qui est
encore dans la logique des choses, comme
on l'a déjà remarqué, et comme on aura
encore l'occasion de s'en convaincre. Mais
qu'est-ce qui prouve que dans les messes
d'anniversaires demandées par un seul fidèle,
il y en eût pour tout le monde ? Cela aurait
été ruineux dans les grandes Églises comme
Rome ou Carthage. Ces messes, vraisembla-
blement dites par un seul prêtre, peut-être
avec un diacre, devaient naturellement res-
treindre leur émolument aux seuls célébrants.
Le principe était identique dans les deux cas.
Mais il a encore de nos jours sa double application : si je fais dire une messe basse, le tout
est pour le prêtre ; si je fais célébrer une messe
solennelle, l'émolument se partage normalement entre tous les clercs engagés dans

1. Si quelque clerc, pour une cause légitime, telle
qu'emploi ou maladie, était absent de la synaxe, soit
accidentellement, soit habituellement, il tenait nécessairement le premier rang parmi ces pauvres de
l'Église, à qui doivent aller les ressources de l'Église.
Et lui aussi donc vivait de l'autel. Voir d'ailleurs
comme les pauvres entretenus par les oblations des
fidèles, se voyaient par le fait même qualifiés d'*autels*,
dans la langue des saints Pères (M. F. 161).

l'action sacrée. Ce n'est pas d'aujourd'hui qu'on a fait remarquer que le texte de S. Paul, étudié plus haut (*I Cor.* 9^{13}), vaut non seulement pour les prêtres, mais aussi pour les ministres inférieurs du sacrifice. En réalité, cette différence est aussi superficielle que les précédentes.

Voici la seule qui mérite de retenir l'attention : non qu'elle fasse difficulté au fond ; mais parce que, tout au contraire, malgré son apparence plus spécieuse que les autres, elle va se retourner contre la thèse adverse et d'autant fortifier la nôtre, qui seule en fournira l'éclaircissement.

Les fidèles, nous dit-on, n'avaient pas la prétention autrefois de lier le fruit spécial de la messe à leur offrande en telle sorte qu'il fût exclusivement réservé à leur profit personnel. On ne prétendait pas imposer au prêtre une obligation stricte de célébrer précisément en faveur du donateur ; tandis que maintenant il y a obligation contractuelle de célébrer et d'appliquer la messe à une intention particulière ; comme aussi, obligation contractuelle d'acquitter la taxe après coup, si on n'y a pas pourvu d'avance. Il y a donc quelque chose de changé. Notre conception moderne diffère par un élément essentiel de l'ancienne pratique. Il est donc impossible de soutenir que le « stipendium » de nos messes soit purement et simplement l'antique oblation. C'est quelque chose de plus ; ou mieux, c'est quelque chose d'autre. L'ancienne coutume est morte, ou à peu près ; il en est né, à un moment indéterminé de l'histoire une nouvelle, qui ne tient point ses titres de la précédente, mais originale et autonome, qui comporte un nœud d'obligations réciproques en justice commutative entre le sujet d'une prestation temporelle et le débiteur d'une prestation spirituelle, ou entre sujet de celle-ci et débiteur de celle-là : chose inconnue jadis. Il y a donc eu solution de continuité entre le passé et le présent. L'Église a fait du neuf, d'abord par une approbation tacite, puis par une sanction expresse, qui fait disparaître tous scrupules, en consacrant l'innovation.

Tout cela serait très probant, si on devait commencer par mettre au-dessus de toute discussion l'une ou l'autre des théories élaborées par les canonistes modernes, sous leur propre responsabilité et sans garantie aucune de l'Église, relativement au contrat de messe. Il est vrai qu'ils y voient une réciprocité de prestations, et que cela ne figure point dans la théologie des Pères ou du Haut Moyen Age. Si leur supposition est juste, il est vrai par suite, que le présent ne se soude point au passé, et que notre *stipendium* de messe est irréductible aux oblations périmées. Mais cette supposition est-elle juste ? C'est là précisément qu'est tout le problème. On

nous dit : Voilà ce qu'est le contrat de messe :
une réciprocité contractuelle de services. Nous
répondons : Il nous semble que non, mais que
le contrat de messe est la même transaction
qui jadis reposait sur ces deux assises : l'apport des dons du sacrifice par le fidèle, et la
part du prêtre dans toutes les acquisitions de
l'autel. On nous réplique : Non ; et la preuve
en est que l'ancienne économie ignorait cette
obligation réciproque de prestations, qui caractérise le contrat moderne. — Oui, si elle
le caractérise : et encore une fois tout est là.
Nous nous trouvons en présence d'une pétition
de principe, doublée d'une équivoque. L'é-
quivoque est celle-ci : si l'on veut dire que
l'ancienne pratique ne comportait pas entre
les parties une réciprocité onéreuse de prestations, on a raison : si l'on veut dire qu'elle
ne créait pas une obligation de justice commutative, on se trompe. Il n'y avait pas de contrat
de service onéreux : c'est vrai. Il n'y avait pas
de contrat du tout : c'est faux. Il y avait le
contrat, le pacte, la convention en stricte
justice, qui est implicite dans tout mandat
accompagné d'un dépôt. Vous me priez en
ami d'aller payer pour votre compte à un
fournisseur la somme de deux cents francs,
que vous me mettez en main à cet effet. Il est
très vrai que vous ne me payez pas ; que ma
démarche sera absolument gratuite ; qu'elle
n'a aucunement le caractère d'une contre-

prestation due au titre d'une prestation antérieure. De service, vous ne m'en rendez point
dans l'espèce : moi seul en rends, et pour
rien. Donc pas d'échange, pas de réciprocité
(onéreuse ou non) ; simple gracieuseté de ma
part. Mais si j'allais m'autoriser de ce titre
gracieux, ou gratuit pour dire : Je ne lui dois
rien en justice ; par conséquent je ne com-
mettrai pas d'injustice en m'abstenant d'exécuter le mandat ; les deux cents francs qui
viennent d'entrer dans mon porte-feuille peuvent donc bien y rester ; ils n'iront jamais
chez le fournisseur ; et personne ne pourra se
plaindre que je l'aie volé : en vérité, vous vous
récrieriez, vous me diriez : Soit, vous ne volez
pas vos appointements, puisque vous n'en
recevez pas. Vous n'êtes pas dans le cas de
l'employé qui fraude sur le travail convenu
et rémunéré. Mais vous êtes voleur tout de
même, *ratione rei iniuste detentae.* Vous volez,
en vous l'appropriant sans autre forme de
procès, le dépôt qui vous avait été confié pour
être transmis aux mains de qui de droit. Si
vous ne voulez pas payer mon boulanger, rendez
moi les deux cents francs. Si vous ne voulez
pas me les rendre, acquittez ma dette. Et
c'est assurément le langage qu'aurait tenu
le Juif de jadis, après remise faite de sa brebis,
au prêtre assez indélicat pour prétendre en
faire son profit sans l'offrir en sacrifice à
Yahveh. Ou rendez-moi ma brebis, que je

la fasse sacrifier par un autre ; ou sacrifiez-la, comme vous vous en êtes chargé ; mais ne la mangez pas avant de la présenter à Yahveh. Sans quoi, je suis volé : bien que je n'aie pas la prétention de vous payer. Vous êtes commensal de Yahveh, et vous avez droit en cette qualité à votre part du festin, mais seulement après que le festin est devenu celui de Yahveh. Autrement vous êtes sans titre. Et c'est ainsi qu'aurait raisonné le chrétien des premiers siècles, si la table du sacrifice une fois dressée par ses soins, il avait vu le prêtre, au lieu de célébrer, se mettre tout bonnement à dîner, sans se préoccuper du reste. Lui non plus ne payait pas son prêtre ; mais tout de même il avait ses droits, et notamment celui de faire parvenir à Dieu ce qu'on avait accepté pour Dieu. C'est la consécration du pain et du vin destiné à la transsubstantiation, qui conférait finalement à l'offrant la qualité d'auteur d'un sacrifice effectif. Il l'était, dès que sous les espèces empruntées à ses offrandes montait vers Dieu la divine Hostie. Alors pour le reliquat des dons le prêtre pouvait en user comme co-partageant de Dieu ou de l'autel. Mais cela supposait le don arrivé à destination, cela supposait le transfert effectué (dont parle encore notre prière *Supplices te rogamus*), cela supposait le sacrifice offert et accepté ; cela supposait Dieu, à sa table pourvue par les soins du fidèle, mais servie par les mains du prêtre, invitant son ministre. Alors, oui, mais alors seulement celui-ci pouvait en jouir. Avant, c'eût été rapine.

Qui donc a mieux parlé des oblations des premiers chrétiens que Thomassin, dans ce mot d'une profondeur et d'une magnificence incomparable : « Hostiae erant, cum portio inde aliqua in immortalem hostiam, caelestem Agnum, decerperetur. Tributa erant, quae SIBI DEUS RESERVAVERAT, per ministros suos colligenda fruendaque[1] ». Ces dons des chrétiens à l'autel, « c'étaient des hosties, puisque, pour une part, on en recueillait l'immortelle hostie, l'agneau céleste. C'étaient des tributs, que Dieu s'était réservés, tandis qu'à ses ministres en revenait et la perception et l'usufruit. » S'il plaît au Prince, pour de justes raisons à lui connues, de faire l'abandon à ses collecteurs de l'impôt dont je me suis acquitté, c'est affaire entre lui et eux : je n'ai pas à m'en mêler. Mais si le collecteur, après avoir reçu ma contribution, refusait de la porter en compte dans les registres publics et de me donner quittance au nom de l'État, entendant garder de son chef ce qui n'aurait jamais à aucun moment, été transféré à l'avoir du Prince, alors il commettrait une injustice puisqu'il me laisserait vis-à-vis du Prince

1. *Vetus et Nova Ecclesiae disciplina*, pars 3, l. 1, c. 12, n. 1.

dans la situation d'un débiteur non encore libéré. La comparaison est assez claire pour se passer de commentaire. J'ai voulu me mettre vis-à-vis de Dieu (comme cela m'est permis) dans un rapport de donateur à donataire, en présentant tout ce qui est requis pour qu'un sacrifice figure à mon compte, à savoir et la matière sacramentelle et l'appoint matériel à la subsistance du prêtre : j'ai le droit de figurer effectivement parmi ceux qui ont acquitté envers Dieu ce tribut ; j'ai donc droit que mon offrande prenne le chemin que je lui ai assigné, et qu'au terme elle se trouve inscrite, en caractères tracés du sang de l'Agneau dans le livre qui garde vivante la mémoire des sacrifices par lesquels s'annulent nos dettes, en même temps que se multiplient nos créances sur la libéralité divine. *Oblationem ...benedictam, adscriptam, ratam.* Voilà ce que j'avais le droit d'attendre de vous. Vous y manquez : vous me manquez et de fidélité comme mandataire, et de justice comme dépositaire. Rien de plus simple. Cela ne dépassait pas la portée des premiers chrétiens.

Au surplus, il est à croire qu'on n'insistera pas sur ce point de l'obligation contratée par le prêtre relativement à la confection du sacrifice. Mais on se rabattra sur l'attribution du fruit au fidèle qui fait célébrer. Là du moins aucune obligation n'apparaît dans l'antiquité. Rien ne montre que le célébrant se regardât

comme tenu de célébrer plus spécialement
au profit ou selon les intentions d'une personne déterminée que pour telle ou telle autre
fin particulière. — On ne gagnerait rien à
dissimuler que telle est l'interprétation de
Benoît XIV : « Il est hors de doute, ...que
dans la discipline de l'Église naissante et
adolescente, pain ou deniers étaient une
oblation faite à l'Église et aux clercs en
commun, et non pas un don fait à quelque
prêtre individuellement, pour qu'il célébrât
en particulier une messe qui ne servirait qu'à
l'avantage du donateur[1]. » Autrement dit,
qui donnait, n'entendait pas se réserver à lui
seul le fruit de la messe. Évidemment il ne doit
pas s'agir ici d'une appropriation si exclusive
qu'elle ne laissât rien en fait de gain ni à
l'Église universelle, ni au prêtre célébrant ou

1. « Indubitatum est, ...juxta primigeniam nascen-
tis et adolescentis Ecclesiae disciplinam, sive panem
sive denarium oblatum fuisse Ecclesiae et clericis in
commune, non vero datum cuipiam peculiari sacerdoti,
ut Missam privatim faceret, quae uni eleemosynam
offerenti prodesset » (*De sacrosancto missae sacrificio*, 3,
21, 5. Romae 1748, p. 387). Benoît XIV s'appuie sur
THOMASSIN (*Vet. et Nov. Ecl. Disc.* p. 3, l. 1, c. 71,
n. 8). Mais il y a une confusion. Thomassin fait observer que chez les anciens, les fidèles, oblateurs des
dons, ne croyaient pas se faire de tort les uns aux
autres en ne faisant célébrer ensemble qu'une seule
seule et même messe (là-dessus, voir M. F., 351-352).
Il ne dit pas que le fruit du sacrifice fût censé le même
pour les fidèles oblateurs et ceux qui ne l'étaient pas.

à ses ministres, ni aux assistants. Car de nos jours non plus pareil exclusivisme n'existe pas. Il s'agit donc du fruit spécial que la théologie et la législation reconnaissent aux donateurs du *stipendium*. C'est ce fruit spécial qu'on estime n'avoir pas été réservé par le Droit ancien aux oblateurs de jadis, tandis qu'il fait précisément toute la matière, ou du moins la matière propre, du contrat de messe sanctionné par le Droit moderne. D'où différence radicale, au point de vue juridique, entre le *stipendium* et l'oblation. — Il semble que cette prétendue opposition entre le passé et le présent provienne tout entière d'un malentendu. Veut-on dire que, pour célébrer au profit spécial et selon les intentions spéciales de Caïus, qui m'a remis son offrande à cet effet, il faut de mon côté une intention surajoutée à celle qui viserait la transmission à Dieu des dons de Caïus ? Alors on se trompe. Par le fait que je présente un sacrifice comme procédant de Caïus, je sacrifie pour Caïus, à son profit et à ses intentions. Caïus peut être une collectivité ou un individu : cela ne change rien à l'affaire. J'agis pour la collectivité ou j'agis pour l'individu, suivant les cas. Et par conséquent les anciens, qui célébraient en transmettant à Dieu les dons des fidèles, sacrifiaient pour le compte des fidèles ; ils présentaient les hosties de ce peuple ou de ce particulier : c'était *ipso facto* seconder les vœux et les désirs et les prières de ces oblateurs, en tant qu'auteurs (médiats) du sacrifice, et par conséquent bénéficiaires à un titre spécial, qui n'était celui de personne autre, et à ce même titre disposant d'un suffrage en rapport avec leur qualité spéciale. S'il n'y avait pas de Code pour nous expliquer cela à l'époque, il y avait les Liturgies pour nous en donner l'assurance. Qu'on relise les oraisons ou anaphores ci-dessus, ainsi que les parties variables du Canon Romain, et on ne pourra échapper à l'évidence de ce fait que le sacrifice était le sacrifice de l'offrant : sans préjudice, bien entendu, de l'Église universelle et du prêtre et des autres ; mais cependant d'une façon qui ne lui était commune avec aucun des autres. Et cela suffit ; cela suffit pour que le sacrifice opère à son compte, et, si l'on pouvait dire, à son actif. Cela suffit pour que le sacrifice, selon son gré, opère en faveur de telle ou telle personne chère. Ce point du suffrage spécial, à la discrétion de l'offrant, est évident dans le cas des messes anniversaires pour les défunts. Mais il est illustré aussi, en ce qui regarde les vivants, par des documents tels que la messe nuptiale du *Sacramentaire Gélasien*[1].

« *Secrète*. Écoutez, Seigneur, nos suppli-

---

1. *Sacr. Gelas.*, 3, 52. Éd. Wilson, p. 265. P. L. 74, 1214.

cations, et agréez avec clémence et bonté cette OBLATION DE VOS SERVANTES (telles et telles), QU'ELLES VOUS OFFRENT POUR VOTRE SERVANTE (une telle), que vous avez daigné amener à l'âge révolu pour le jour de ses noces. »

« *Infra Actionem* (Hanc igitur). Agréez donc avec clémence, Seigneur, nous vous en supplions, cette oblation de vos servantes (une telle et une telle), QU'ELLES VOUS OFFRENT POUR VOTRE SERVANTE (une telle) etc. »

Ce qui est offert, c'est le sacrifice de certaines personnes, toutes des femmes ; et il est offert de leur part pour la personne à qui elles s'intéressent, laquelle est la mariée. Voilà le suffrage spécial, à la disposition de l'oblateur spécial ; il est exprimé ici en termes liturgiques ; mais il n'a pas besoin de cela pour être effectif. Il suffit qu'il soit dans les vœux de celui qui agit par le ministère du prêtre.

Le lien de l'offrande antique avec la célébration et l'application de la messe paraît donc établi d'une façon indiscutable ; et cela, de par la nature des choses ; sans qu'il soit besoin de superposer à la fonction médiatrice du prêtre mandaté un pacte d'échange, un contrat de louange, une convention *do ut facias*, ni aucune autre forme d'obligation contractuelle à titre onéreux : qui certainement, et de l'aveu de tous, n'existait pas. Mais, s'il en est ainsi pour les messes antiques, que vient-on nous troubler aujourd'hui avec ces espèces juridiques dont on se passait alors pour assurer exactement le même effet que nous nous proposons aujourd'hui dans notre transaction quotidienne ? La seule raison qu'on ait de les invoquer, est de justifier l'obligation de stricte justice qui incombe au prêtre après réception du *stipendium*, ou au fidèle après acquit de la messe demandée. Mais pour le prêtre, l'explication ressort de ce qui vient d'être dit ci-dessus ; et pour le fidèle, il n'est pas difficile de faire réflexion que, s'il a demandé une messe, en remettant à plus tard d'en verser l'offrande, il est dans la situation de quelqu'un qui a demandé à un ami de faire un débours pour son compte ; ce qui l'oblige à rembourser. Autrement dit, toutes les fois que le prêtre, par mandat du fidèle, consacre à Dieu des dons qui ne lui ont pas encore été déposés, il fait une avance sur ses propres biens, et a le droit de la récupérer. C'est comme si le Juif autrefois, n'ayant point apporté sa brebis, tenait néanmoins à faire célébrer son sacrifice avec la brebis du prêtre, gracieusement avancée pour la circonstance. Lui aussi est tenu de par la nature des choses, et ne pourra se flatter, en restituant la brebis de rémunérer le prêtre, ou d'exécuter un contrat *do ut facias* ou *facio ut des*, ni aucune autre chose de ce genre. Si donc toutes les faces du contrat de messe s'expliquent par la transaction antique, laquelle, on nous le dit assez haut, ne comportait aucune de ces formes d'obligation onéreuse, corrélative à une rétribution, n'est-on pas mal fondé à loger dans notre contrat de messe cette modalité, exclue de l'ancienne économie, et à venir ensuite nous dire : Vous voyez bien que le *stipendium* d'aujourd'hui n'est pas l'oblation de jadis, puisque l'un ressortit à une espèce juridique à laquelle l'autre est toujours restée étrangère ? Je le crois bien, qu'il y a une différence : c'est vous qui l'avez faite ; mais elle est toute factice, parce qu'elle est toute fondée sur ce supposé, doublement faux, que l'ancienne transaction n'avait pas la même vertu obligatoire que la moderne, et que la moderne est redevable de sa vertu obligatoire à une clause qui donnerait naissance à la prestation d'un service onéreux. Rien de vrai, ni d'un côté ni de l'autre. Notre contrat vaut ce que valait l'ancien, et pour les mêmes raisons juridiques, sans une de plus.

Mais enfin, sans vouloir infliger à personne le désaveu du Concile de Trente, n'est-il pas permis de faire quelque fond sur cette loi qui fait un devoir aux Ordinaires de prohiber en matière de messes « toute espèce de clauses et de conventions mercenaires » (cujusvis generis mercedum conditiones, facta, ...prohibeant[1]). Le saint Concile assurément n'en-

1. Sess. 22, *Decr. de observandis et evitandis in celebratione Missae.*

tend pas réprouver le principe des *stipendia*, universellement admis dans l'Église, et maintenu depuis. Mais que veut-il donc, sinon interdire (sauf titre intrinsèque) toute convention onéreuse, qui se superposerait ou se substituerait à l'engagement gratuit que contracte le prêtre, mandataire et dépositaire, de dédier à Dieu les dons reçus pour Dieu ? La justice y est intéressée, mais non point à titre mercenaire. Voilà ce que veut le Concile de Trente ; il exclut ce qui serait simoniaque, et laisse subsister ce qui est dans la saine nature des choses, et conforme à l'ordre divin, parce qu'inhérent à la théologie même des sacrifices[1].

D'où appert la parfaite logique de l'Église. L'Église, toujours si soucieuse (ce n'est pas assez dire, si obsédée par la préoccupation) d'écarter toute simonie, et toute apparence même de simonie, n'a jamais cependant (sauf

---

1. C'est probablement dans le même sens qu'il faut interpréter les Conciles provinciaux qui suivirent, et n'eurent d'autre objet que de faire pénétrer dans les mœurs les réformes de Trente. Tel le Concile provincial de Malines, 1570 : « Pastoribus et quibuscumque sacerdotibus inhibet sancta synodus sub poena suspensionis ne per se vel per alium, directe vel indirecte stipulentur pro missis votivis ad piorum postulationem celebrandis ; sed quod eis sponte oblatum fuerit, accipiant » (*De decanis, etc.* cap. 11. Harduin, 10, 1194). Tel encore le Concile de Reims, 1583 : « Sacerdotes qui de pretio pasciscuntur ut Missas celebrent... habeantur simoniaci » (Harduin, 10, 1301).

exceptions négligeables, comme celles qui se sont trouvées à grand peine réunies ci-dessus au nombre de trois ou quatre[1]), ni par la bouche de ses Docteurs, ni par la voix de ses

1. Cisterciens, Évreux, Tolède. La difficulté d'échapper au soupçon de mercantilisme était aggravée au Moyen Age par l'absence de taxe diocésaine, laquelle laissait le champ libre aux marchandages. L'autorité épiscopale a qualité pour évaluer avec autorité ce que représente en deniers le double élément nécessaire pour constituer l'offrande du sacrifice : matière à consacrer, et surplus pour la réfection du prêtre. Qui donne cela fait fonction d'oblateur. Exiger plus, stipuler plus (en dehors du titre extrinsèque) c'est pratiquer ces exactions et ces marchés, qui, portant sur une matière non requise pour faire prendre au fidèle la qualité d'oblateur, ne peuvent admettre, de la part du prêtre qu'une interprétation simoniaque : Je mets à prix le service que je rends ; je fais payer la convenance. C'est comme si le prêtre Hébreu, pour sacrifier ma brebis, avait exigé que je lui fisse cadeau d'un agneau en surplus. Par contre, si j'apporte de mon plein gré une brebis avec son agneau pour être sacrifiés ensemble, le prêtre à qui je les remets, n'a pas le droit de passer à un confrère la brebis à charge de sacrifice, en retenant pour lui l'agneau, sans le sacrifier. C'est ainsi que dans l'Église, le prêtre qui aura reçu une oblation supérieure à la taxe, n'a pas le droit de faire sacrifier par un suppléant auquel il donne la taxe en se réservant le surplus. Ces choses-là ne sont pas de droit ecclésiastique, mais de droit divin ; en vertu de ce principe, que la matière de la consécration eucharistique et l'émolument du prêtre forment un tout indivisible : ceci n'étant qu'un appendice de cela, ou plutôt les deux ne constituant qu'une seule oblation faite à Dieu pour approvisionner

Conciles, ni par les décrets des Papes, prohibé la formation d'un lien de justice contractuelle en matière de messe par le moyen du *stipendium* et de l'engagement qu'implique son acceptation : tandis qu'au contraire elle prohibait inconditionnellement, comme réprouvée par le Droit divin, toute espèce de transaction impliquant obligation contractuelle relativement à l'administration d'un sacrement. Aux innombrables exemples recueillis par Thomassin[1], il vaut la peine d'ajouter, pour son caractère synthétique, ce canon 10e du Concile, tenu à Tours par Alexandre III en 1163, et qui ne fut édité par Martène[2] qu'en 1717. « Il

la table de l'autel, dont Dieu entend faire celle du prêtre.

Une autre conséquence, assez intéressante, de la doctrine ci-dessus exposée est celle-ci : quand le prêtre célèbre sans *stipendium*, c'est lui-même qui a tout le bénéfice spirituel de cette oblation propre au pourvoyeur du sacrifice. On voit de quelle richesse spirituelle, de quel patrimoine incomparable, de quelle ressource infiniment précieuse, furent dotées par leurs fondateurs les congrégations religieuses auxquelles il fut interdit de recevoir des *stipendia*.

1. *Vet. et Nov. Eccl. Discipl.*, 3, 1. 1, c. 49, 9-10, et c. 69-72. Voir aussi ORTOLAN, article *Casuel*, dans D. T. C. col. 1840 sq.

2. *Thes. Nov. Anecd.*, 4, 143 ; cf. Mansi, 21, 1183. Ce canon 10e, n'est pas à confondre avec le canon 6e de la première série des décrets du même Concile ; lequel, analogue quant à son objet, mais moins formel dans sa teneur, se trouve déjà chez Thomassin, et se retrouve chez Ortolan.

a été dit que dans certains lieux c'était la coutume de donner de l'argent pour la perception du chrême et de même pour le baptême et la communion. Le saint Concile a réprouvé et anathématisé cette pratique, la déclarant hérésie simoniaque. Nous interdisons donc qu'à l'avenir, ni pour l'Ordre, ni pour le Baptême, ni pour l'Extrême-Onction, ni pour la Sépulture, ni pour la Communion, ni pour la Dédicace, il soit rien exigé. Mais [nous voulons] que les dons du Christ, puisqu'ils sont gratuits, soient dispensés gratuitement. Si quelqu'un en décide autrement, qu'il soit anathème. » Et par contre, pour les Messes, l'Église ne voyait point d'inconvénient à ce que le versement d'une somme d'argent conditionnât et la célébration et l'application d'une messe demandée. Pourquoi cette différence, en une matière que l'Église elle-même déclare ressortir au droit divin, et par conséquent, échapper à son pouvoir soit de législation, soit même de dispense ? La différence saute aux yeux ; du moins elle sautait aux jeux des gens d'alors. Dans les autres ministères sacramentels, il n'est pas question d'un don à faire passer par le prêtre entre les mains de Dieu, qui le retrocédera ensuite au prêtre. Le fidèle reçoit de Dieu, et c'est tout. Dans le sacrifice, on donne à Dieu. Et par conséquent, dans un cas il n'y a aucune base légitime à la formation d'un lien en justice commutative, tandis que dans l'autre cas le don confié au prêtre pour être transmis à Dieu, est comme tout autre DÉPÔT, la matière d'une obligation contractuelle, qui ne lèse en aucune façon la gratuité absolue du MANDAT. Encore ici, personne n'a mieux parlé que Thomassin, dans cette remarque incidente, qui se lit au chapitre 49ᵉ (n. 11) de son livre I : « Que si nous en venons maintenant au sacrifice non sanglant, il n'est jamais venu dans l'esprit à personne[1], de taxer de simonie les oblations qu'offrent spontanément ceux pour qui est immolée l'Hostie céleste. ...Il n'y a pas à chercher bien loin la raison de cette différence. C'est la voix même de la nature et l'impérieux devoir de la religion qui oblige les fidèles à offrir aux prêtres ce que les prêtres devront pour eux offrir à Dieu, soit en rémission des péchés, soit en action de grâces, soit en vue de nouveaux bienfaits à obtenir. C'est pourquoi les autres sacrements, eux, ne doivent pas se dispenser contre rétribution, étant des grâces, et qui ne peuvent s'estimer à aucun prix. Mais ce qui s'offre en hostie à Dieu des mains du prêtre pour le peuple, doit d'abord est offert par le peuple au prêtre. Car le peuple lui-même offre vraiment à Dieu, et de même chaque fidèle pour son compte, bien que par le

---

1. Ceci est peut-être un peu exagéré, comme nous l'avons vu plus haut.

prêtre[1]. » Voilà toute la doctrine ramassée en quelques mots. Et c'est de quoi répondre déjà à ceux qui s'étonnent de cette doctrine comme d'une nouveauté. Pas si nouvelle, puisqu'elle figure déjà chez Thomassin, le plus érudit en même temps que le plus intelligent des théologiens qui surgirent dans l'ancienne France après Petau. Après Thomassin, elle a été exposée ex professo par Berlendi, dans son grand ouvrage sur les Oblations[2], dont on a pu dire, en un sens vrai, qu'il ne « laissait rien à désirer[3] ». Voici les éléments essentiels de la

1. « Jam si ad incruentum progrediamur sacrificium, nemini unquam in mentem venit simoniae infamiam aspergere iis oblationibus quas sponte offerunt ii pro quibus caelestis Hostia immolatur... Prompta est autem et obvia hujus discriminis ratio : quod voce ipsa naturae et lege religionis cogantur fideles offerre sacerdotibus quod pro ipsis offeratur Deo, vel ad eluenda delicta, vel gratiis referendis, vel novis beneficiis exorandis. Itaque sacramenta quidem alia nullo pretio dispensanda sunt, cum gratiae eae sint, nec ullo possint pretio aestimari. At offerenda hostia Deo a sacerdote pro populo prius a populo ipsi offerenda est sacerdoti. Offert enim Deo ipse populus, et pro seipso fidelis quisque, sed per sacerdotem » (*Vet. et Nov. Ecl. Discipl.*, I, 49, 11).

2. *De oblationibus ad altare communibus et peculiaribus, hoc est Missae Stipendii integra secundum aetates expositio*, Venise 1743.

3. « In qua [dissertatione] hoc argumentum erudite versat, ita ut nihil desiderari possit » (HURTER, *Nomenclator*). Rien de plus mérité que cet éloge, en ce qui regarde l'habituelle justesse des idées de l'auteur.

thèse, tels qu'ils s'étalent dès les premières
pages. Les oblations destinées à l'autel, contrepartie chrétienne des oblations que les Juifs
faisaient pour leurs sacrifices, furent d'abord
parmi nous collectives, et puis devinrent
individuelles ; c'étaient d'abord des dons en
nature, ce furent ensuite des espèces pécu-
niaires[1] : mais à travers tous ces changements,
c'est le même rite d'oblation qui se continue
sous des modalités diverses (quod equidem nil
aliud nisi ejusdem antiqui ritus, licet sub di-
verso modo usitati, continuatio fuit). Donc,
pas de solution de continuité ; pas de rupture,
pas d'hiatus entre le présent et le passé ; pas
d'éruption (si l'on osait dire) d'une conception
nouvelle des rapports entre le don et la messe[2].
Rien de plus juste que cette vue de l'histoire.

Mais à tout autre point de vue, ce serait exagération
de dire qu'on ne pouvait rien désirer de plus. On pourrait désirer de l'ordre dans un fouillis. On pourrait
désirer une netteté plus grande dans les analyses,
qui aurait aussi favorisé une fermeté plus constante.
L'érudition elle-même aurait gagné à s'alléger de choses
inutiles, tout en s'enrichissant encore (ce qui eût
été facile) d'une quantité d'éléments de valeur. Il
n'en est pas moins vrai que c'est ce que le passé nous
offre de meilleur.

1. Ceci s'accorde en substance avec MABILLON
(*Acta SS. O. S. B.*, saecul. 3, pars 1, praef., n. 62) :
« Oblationi panis et vini a laicis antiquitus fieri solitae
successit eleemosyna pecuniaria presbytero facta,
quam stipendium vocant. »

2. *De oblationibus*, p. 1-4 ; cf. 476.

Mais avant Berlendi, avant Thomassin[1], ne pourrions-nous pas nous réclamer d'une autorité encore plus vénérable, celle du B. Robert Bellarmîn, qui, énumérant les diverses manières dont l'Église, c'est-à-dire le peuple fidèle, offre par l'intermédiaire du prêtre, ministre de Jésus-Christ, s'exprime ainsi : « L'Église, à proprement parler, ne sacrifie pas

1. Entre les deux, il vaut sans doute la peine de citer Van Espen soit dans son *Jus Ecclesiasticum Universum*, soit dans sa dissertation *De Simonia circa Beneficia*. Donc le premier de ces ouvrages (J. E. U., pars, 2, tit. 5, c. 5, n. 20), on lit ceci : « Hoc quoque indubitatum est, hodiernum missarum *stipendium* esse considerandum ut voluntariae cujusdam oblationis speciem, in locum oblationis in missa primitus fieri solitae surrogatam. Instruendus ergo est populus ne *honorarium* illud habeat tanquam pretium sacrificii, sed ut voluntariam oblationem, qua Deum tanquam rerum temporalium auctorem recognoscens, una cum Sacerdote sacrificium offerre, et ipsius sacrificii ac signanter precum quae pro offerentibus funduntur particeps esse mereatur. » Dans le second ouvrage (D. S. C. B., pars 1, c. 6, § 4), c'est encore la même note : « Oblationem usum inter Missarum solemnia a temporibus apostolicis ad nostra usque tempora continuata serie devolutum ostendimus ; at id una observatum : oblationum materiam, quae primitus in pane et vino praecipue consistebat, posterioribus saeculis ...in denarios mutatum fuisse. » — Il est clair que ce qui est dit plus loin par le même auteur au § 4 du chapitre 7, sur le rapport du stipendium au « labeur et au service et au ministère » sacerdotal, dont il serait la « rémunération » (« merces ») doit s'entendre, comme d'ailleurs l'indique positivement le contexte

en exerçant un acte sacerdotal, mais ELLE OFFRE SIMPLEMENT AU PRÊTRE CE QUI EST DESTINÉ AU SACRIFICE, ou bien elle s'emploie à faire célébrer le Sacrifice, ou bien elle y consent, offrant de cœur et en désir, tandis qu'offre le prêtre[1]. » Ce sont là trois modes d'intervention du peuple, quant à l'oblation actuelle[2] du Sacrifice. Au plus bas degré, ceux qui ne sont qu'assistants. Au-dessus, ceux qui ont à cœur de promouvoir la célébration (par exemple en fondant une chapellenie pour le

immédiat, en fonction de cette doctrine générale. Tout ce que Van Espen a en vue à cet endroit, c'est d'exclure l'idée (caressée par quelques-uns) qu'il pourrait y avoir des sources de revenus ecclésiastiques (bénéfices ou oblations) dont un prêtre aurait le droit de vivre sans rien faire du tout, ni se rendre utile à la communauté chrétienne. Se rappeler le passage très formel, et même excessif, de Van Espen, cité dans la première partie de ce travail, contre toute idée de rémunération du célébrant.

1. « Ex quo etiam sequitur ut Ecclesia non proprie sacrificet excercendo actum sacerdotalem, sed tantum OFFERAT SACERDOTI REM SACRIFICANDAM, aut curet fieri sacrificium, aut certe consentiat in sacrificium, et voluntate ac desiderio offerat, cum sacerdos offert » (*De Missa*, l. 2, c. 4).

2. Il y a aussi l'oblation purement habituelle, dont Bellarmin parle un peu plus bas : « Aliqui solum habitualiter offerunt, qui nimirum absunt, neque de sacrificio cogitant, sed tamen habitualiter cupiunt offerri. » C'est tout l'ensemble des fidèles du monde entier, qui rentrent dans cette classe (M. F., 324 et 327 sq.).

le service d'une localité). Enfin, en première ligne, ceux qu'on appellerait, si l'on osait, les fournisseurs du Sacrifice, dont l'apport consiste en l'hostie elle-même, *rem sacrificandam* ; ceux que nous avons appelés les pourvoyeurs de l'autel, et qui nous ramènent aux fidèles de la Loi. Et voilà que Bellarmin va aussitôt observer que ce sont là manières différentes d'offrir, titres différents d'oblateurs : « Observons, dit-il, que toute l'Église offre tous les sacrifices offerts par tous les prêtres, mais non de la même manière[1]. » Il est certain, en tout cas, que d'offrir, par simple ratification ou consentement ne peut avoir tout à fait le même sens que d'offrir en défrayant la table du Sacrifice.

1. A cet endroit, Bellarmin outre l'oblation formelle et immédiate du prêtre, et l'oblation médiate et habituelle de l'Église universelle, distingue l'oblation médiate et actuelle des assistants, et l'oblation médiate, actuelle aussi, mais de plus CAUSALE de ceux qui interviennent « par exhortation, prière, ou ordre » (sive hortando, sive rogando, sive jubendo). Cette causalité reste ici indéterminée ; mais il est clair qu'elle doit se distinguer, suivant qu'elle porte, comme plus haut, sur la matière du sacrifice, ce qui implique un mandat (jubendo) ; ou qu'elle atteint uniquement l'action et la volonté du prêtre, en créant une oblation de célébrer, sans charge d'application (comme ci-dessus dans la fondation d'une chapellenie). Ce qui est encore un commandement (jubendo), mais une mandat. Quant à la prière ou à l'exhortation, c'est une causalité très vague.

Mais par-delà ces autorités, si hautes qu'elles soient, il y a celle de S. Thomas, plus expresse et plus synthétique. Dans l'admirable article 2 de la question 86ᵉ de la *Secunda Secundae*, il expose ex professo, pourquoi les oblations reviennent aux prêtres (oblations en nature, ou oblations en argent, peu importe, comme il appert de l'article 3). « Le prêtre, dit-il, est d'une certaine manière, médiateur et interprète (sequester et medius) entre le peuple et Dieu. Et c'est pourquoi... ce qui est chose du peuple (ea quae sunt populi), entendez prières, sacrifices, oblations, doit être présenté à Dieu par son intermédiaire, selon le mot de l'Apôtre (*Hebr.* 5) : *Pris d'entre les hommes, tout pontife est établi pour les hommes, dans ce qui est du culte de Dieu, pour offrir des dons et des sacrifices en réparation des péchés.* Et par conséquent les oblations que LE PEUPLE PRÉSENTE A DIEU (oblationes quae a populo Deo exhibentur) appartiennent aux prêtres, non pas seulement pour que les prêtres les convertissent à leur usage, mais aussi pour qu'ils les dispensent fidèlement : partie, en les dépensant à ce qui concerne le culte divin ; partie, en ce qui a trait à leur propre entretien, parce que *ceux qui servent l'autel partagent avec l'autel*, comme il est dit dans la première *aux Corinthiens* ; partie, au bénéfice des pauvres, qui, autant que cela se peut, doivent être soutenus sur les biens de l'Église. » On aura remarqué que ces oblations sont données, d'après S. Thomas, non pas aux prêtres, mais à Dieu, par les mains du prêtre. Ce qui ne les empêche pas de revenir aux prêtres, puisque Dieu les a faits participants de son autel. Dira-t-on que c'est une simple métaphore, une manière de parler à laquelle S. Thomas n'attache pas autrement d'importance, et qu'il ne conviendrait pas de presser ? Voyons un peu. La première objection contre la thèse (videtur quod non) était celle-ci : parmi les oblations, le premier rang appartient aux hosties des sacrifices ; or, dans l'Écriture, l'aumône faite aux pauvres s'appelle hostie : donc c'est aux pauvres, et non pas aux prêtres, que doivent par excellence, revenir les oblations. Quelle est la réponse ? La réponse consiste en une distinction : distinction entre sacrifices improprement dits et sacrifices proprement dits. L'aumône faite pour l'amour de Dieu peut, en un certain sens, s'appeler sacrifice, parce que la charité témoignée à une personne, en considération d'une autre, s'adresse aussi à cette autre ; et ainsi le don fait aux pauvres est censé fait à Dieu. Mais enfin, il n'est tout de même pas fait à Dieu en personne, mais seulement à des protégés de Dieu. C'est pourquoi ce sacrifice est improprement dit. Le sacrifice proprement dit, est en effet un don fait à Dieu lui-même, et non pas à d'autres, en considération de Dieu. « Ea quae pauperibus dantur sicut non proprie sunt sacrificia, dicuntur tamen sacrificia in quantum eis dantur propter Deum, ita etiam secundum eamdem rationem OBLA-TIONES DICI POSSUNT ; TAMEN NON PROPRIE, QUIA NON IMMEDIATE[1] DEO OFFERUNTUR. » Voilà qui est clair ; et maintenant voici le second membre, sur les oblations proprement dites. Les oblations proprement dites (évidemment, d'après ce qui vient d'être précisé, celles qui sont faites immédiatement à Dieu, c'est-à-dire à Dieu lui-même, et non pas à un tiers, en considération de Dieu), celles-là peuvent sans doute, elles aussi, comme il a été expliqué dans le corps de l'article[2], être attribuées au soulagement des pauvres : mais sera-ce en vertu d'une attribution faite par les fidèles ? Non pas, puisque les fidèles n'ont pas donné aux pauvres, mais à Dieu. Ce sera donc une attribution faite par Dieu ? Oui et non. Oui, en ce sens que, si ce don vient aux pauvres, il faut bien qu'il redescende de Dieu, puisque Dieu en a été le premier attributaire. Non, en ce sens que de Dieu aux pauvres, la com-

1. A rapprocher de ce qu'avait écrit GUILLAUME DE PARIS (*De Legibus*, c. 28) : « Sacrificium est munus Deo IMMEDIATE oblatum, propitiationis ejus impetratorium. Immediate dicimus, propter eleemosynas, quae, et si interdum oblationes Dei factae, sacrificium Dei interdum inveniantur, improprie tamen sacrificia sunt ».

2. Voir plus haut.

munication n'est pas immédiate, mais médiate,
passant d'abord par les prêtres. C'est pourquoi
S. Thomas continue : « Oblationes vero proprie
dictae in usum pauperum cedunt non per dis-
pensationem offerentium, sed per dispensa-
tionem sacerdotum. » Et voilà comment il
reste établi pour S. Thomas, que les oblations,
les vraies, bien que s'adressant à Dieu, et
dérivant aux pauvres, doivent néanmoins
dans l'intervalle échoir aux prêtres.

Que de choses précieuses dans ce morceau !
Nous y surprenons la destination proprement
divine des dons offerts par le peuple en vue du
sacrifice ; leur retour au prêtre, qui en tire sa
subsistance ; et leur extension éventuelle aux
pauvres, qui sont de droit divin commis
à la charge de l'Église. Toute une théologie,
et combien suffisante à justifier la rigueur de
l'obligation de justice en matière de messes,
l'initiative directrice du suffrage chez le fidèle,
et enfin le titre et le sens de ce fameux *stipendium sustentationis* (qui revient à l'article 2 de
la question 100). Oui, l'offrande coutumière
de messe (qu'elle soit pécuniaire ou autre),
bien qu'impliquant un contrat de justice entre
mandant et mandataire, déposant et dépositaire, néanmoins n'est pas reçue par le prêtre
comme un salaire, mais SEULEMENT comme
le moyen de la sustentation, précisément parce
qu'elle n'intervient pas comme une contre-

prestation en face d'une prestation[1], ou réciproquement, mais bien comme une oblation faite à Dieu, comme un don que le ministre officiel, le médiateur consacré est chargé de faire agréer ; comme le sacrifice par destination qui par l'opération sacramentelle du prêtre, se transformera au sacrifice effectif, véritable et parfait, qu'est le corps et le sang de Jésus-Christ. De ce bien, qui est propriété divine, le prêtre tire sa subsistance : et voilà ce même bien, qui par affectation devient clérical,

---

1. Quand les anciens insistaient pour dire que le prêtre recevait cet émolument à titre de *stipendium*, et non de salaire, ils n'entendaient pas dire qu'étant un *stipendium* il pouvait légitimement se prendre comme salaire : comme s'il suffisait pour légitimer le salaire, qu'il fût *stipendium*. C'est tout le contraire qu'ils voulaient dire. Ils voulaient dire : Le prêtre peut en bonne conscience stipuler le versement de cette obole du sacrifice, parce que, même alors, i ne le recevra pas du tout comme salaire, mais en bénéficiera seulement comme d'un *stipendium ;* et la raison pour laquelle, bien que matière de justice commutative, cet émolument ne sera que *stipendium* sans être salaire, c'est justement celle que vient de vous faire entendre S. Thomas. En effet, il n'y a pas place pour l'idée de salaire, lorsque l'émolument temporel n'a pas fait fonction de rétribution passant de l'homme à l'homme, mais d'offrande allant de l'homme à Dieu, quoi qu'il doive en advenir par la suite, une fois converti au soutien du prêtre *(stipendium)* ce qui était d'abord chose de Dieu *(oblatio, sacrificium)*.

ecclésiastique, de divin qu'il était : bien du prêtre, émolument du prêtre, *stipendium* du prêtre, non pour l'enrichir, comme le font observer les vieux théologiens ou canonistes, mais pour le soutenir[1] ; après quoi, ce qui reste, ce qui ne serait que le superflu d'une existence décente, devra s'épancher dans le sein des pauvres. Nous voilà loin des théories courantes sur l'honoraire de messe ; loin aussi, peut-être, de cette assimilation radicale aux biens patrimoniaux[2], que bon nombre de modernes ont

1. « Stipendium suae sustentationis » (S. THOM., 2-2, 100, 2, 2^m). « Stipendium necessitatis » (*loc. cit.*, in corp.).

2. Ce n'est pas à dire que l'assimilation aux biens patrimoniaux ne puisse se défendre dans de certaines limites raisonnables, en s'inspirant des principes posés par S. Thomas dans la 2^a-2^ae, 187, 6. De plus, il faut avouer que de nos jours la dissidence sur cette question ne pourrait guère être que théorique, au moins dans la plupart des pays : où on peut estimer que la majorité du clergé, bien loin de tirer de ses sources de revenus ecclésiastiques plus que le nécessaire, n'y trouve qu'à peine la substance la plus indispensable d'un entretien qui n'arrive même pas à satisfaire aux exigences communes d'une décence en rapport avec le rang et la condition du sacerdoce. Faire entrer le *stipendium* du sacrifice dans la catégorie des revenus ecclésiastiques ne serait donc, en ce qui regarde la plupart des prêtres, qu'une rectification sans portée pratique au point de vue juridique : simple affaire de nomenclature, puisque toute économie faite sur ce nécessaire, se trouverait être produit de l'épargne, *bona parsimonialia.*

accréditée, mais qui pourrait un jour, si le Législateur voulait, partager le sort qu'a fait le canon 1410 du *Code de Droit Canonique* aux « droits d'étole dans les limites de la taxe diocésaine et de la coutume légitime », comme aussi aux « offrandes volontaires et fixes des fidèles, qui échoient au titulaire du bénéfice[1] ». Il est bien certain que cette conception moderne est fort étrangère à l'antiquité, comme elle répugne encore au sens chrétien de beaucoup de fidèles[2].

La conception ancienne a trois grands avantages. Elle a l'avantage de relever la dignité du prêtre, en en faisant non le stipendié des fidèles, mais de Dieu. Elle a l'avantage de grandir le rôle des fidèles, en les ramenant à leur condition native de race sainte et sacerdotale, qualifiée de par son baptême pour

1. Comment l'ancien droit régissait le partage de ces biens, voir dans le *Décret* de Gratien, partie 2, cause 12, q. 2, c. 26-31. Cf. Dom L. BEAUDUIN, *op. cit.*, p. 191 sq.

2. Elle est vigoureusement, et justement, combattue par VAN ESPEN (dans les deux ouvrages déjà cités *Jus Ecclesiasticum Universum*, pars 2, tit. 5, c. 6. n. 2. sous ce titre : « Honoraria [missarum] habenda sunt ut alia bona ecclesiastica », et, *De Simonia circa Beneficia*, pars 1, c. 7, § 4) contre son compatriote et prédécesseur dans l'enseignement en Droit canonique à Louvain, André Delvaux, O. S. B. (Vallensis, XVII s.) et sous le patronage d'un professeur de Douai, BOETIUS-EPO (XVIe s.), auteur d'un traité *De Jure Sacro*.

offrir à Dieu les dons et les sacrifices, que lui consacrera le ministère du prêtre investi du sacerdoce de Jésus-Christ. Elle a l'avantage d'ennoblir cette transaction pécuniaire des messes, qui risque autrement de prêter le flanc à l'horrible langage, si indigne du sacrifice de l'autel, et pourtant si fréquent de nos jours : « Quel est le prix de vos messes ? Je viens payer des messes. » En vérité on ne paye pas le sang de Jésus-Christ ; on ne paye pas la libation du calice eucharistique ; on ne paye pas la grande rançon du monde et le prix du salut. On se contente de l'offrir dans l'enveloppe sacramentelle que la vertu d'en haut et la parole du prêtre lui confectionnent avec les produits de notre oblation. Honneur pour le sang du Christ, honneur pour le fidèle, honneur pour le prêtre ; nulle part indignité, nulle part humiliation, nulle part déchéance : c'est le dernier mot théologique, et c'est le sceau de l'institution divine sur l'offrande de messe.

Maintenant, quant au nom même d'*honoraire*, sans prétendre à réformer l'usage courant (quem penes arbitrium est et jus et norma loquendi), il est permis cependant d'observer que le mot, étant emprunté à une catégorie tout autre que celle du mandat gratuit, c'est à savoir à celle du service rémunéré, aura nécessairement dans cette transposition besoin de quelque atténuation ou interprétation pour rester acceptable. En tout cas, il est étranger au *Code*, qui parle d'aumône ou de *stipendium*. Le vieux mot de l'ancien Droit, *oblationes*, qui se lit encore sur les murs de certaines églises, dans des affiches du siècle dernier, portant publication des tarifs d'*offrandes* ou d'*oblations*, établies par l'Évêque, avec l'approbation du ministre des Cultes, ce vieux mot consacré par la langue théologique du passé en matière de sacrifice, comme en toute autre (et plus encore qu'en toute autre), ce mot expressif et noble, paraît de beaucoup être le plus convenable et le plus juste. Plutôt qu'honoraires de messes, disons, pour peu que nous en ayons envie, offrandes de messes. Rien ne nous en empêche ; et nous avons le droit d'estimer que bien des raisons nous y invitent.

LA PRÉSENCE RÉELLE
ET SON RÔLE SACRAMENTEL

Emu des progrès que fait l'ignorance religieuse jusque dans les milieux les plus ouverts
à la prédication de l'Évangile, un homme
d'œuvres signalait naguère, comme particulièrement typique, cette réponse d'un jeune
homme de nos patronages à une question qui
lui avait été posée sur l'Eucharistie : « Oh !
voyez-vous, pour moi l'Eucharistie, c'est avant
tout un symbole. » Nul n'aura de peine à
comprendre l'émotion suscitée par cette décla-
ration. On s'attendait que le jeune homme com-
mençât par poser, et pour ainsi dire par cam-
per, le fait de la présence réelle du Corps et du
Sang du Christ sur nos autels sous des apparences qui ne sont pas les siennes, mais celles
du pain et du vin. On avait raison de s'y
attendre et de s'étonner d'une lacune aussi
inquiétante. Par ailleurs (soyons indulgents à
tous), ce jeune homme n'avait peut-être pas
tout à fait tort, non plus. Qu'est-ce que l'Eucharistie ? c'est un sacrement. Et qu'est-ce

qu'un sacrement ? c'est avant tout un symbole. Un sacrement, d'après le catéchisme, est le signe efficace d'une réalité sanctifiante. Signe ou symbole, c'est tout un. Tout sacrement est donc un symbole ; non pas sans doute un symbole dont le rôle serait uniquement de traduire en formes sensibles une vérité idéale pour exciter ou aider l'esprit à la considérer, et en la considérant, à s'y attacher — tel un drapeau, tel un signe de croix ; — mais un symbole opérant par lui-même dans l'esprit ce qu'il signifie : comme un drapeau qui aurait la vertu de faire passer infailliblement un courant de force héroïque dans l'âme de celui qui le tient ou l'arbore ; comme un signe de croix qui aurait la vertu, à tout coup, d'imprimer dans nos âmes les sentiments de Jésus crucifié. Mais quoi ? est-ce donc une force magique que nous attribuons à ce symbole sacramentel ? Un drapeau qui aurait cette vertu intrinsèque, ce pouvoir direct d'action sur les âmes, et sur toutes les âmes, et toujours, serait un drapeau magique. Et de même un geste, une attitude, qui aurait pour effet de transformer radicalement les dispositions intimes d'un sujet quelconque, d'introduire en lui un ordre tout nouveau de connaissances et d'activité mentale, de le faire passer à un plan différent de vie, de l'élever au-dessus de terre, au-dessus du monde, au-dessus de la nature, ne serait-ce pas précisément cela même qu'a recherché à travers tant de grossièretés et d'absurdités, la magie de tous les temps ? Et alors nos sacrements ne rentrent-ils pas dans cette catégorie peu honorable des superstitions ténébreuses dans lesquelles voudraient les enfermer tant d'ennemis de la foi chrétienne ? — Ils en sont justement le contraire. La magie est un effort pour agir sur un domaine qui n'est pas celui de l'homme, mais de Dieu, au moyen de symboles qui traduisent non pas un vouloir de Dieu, mais un vouloir de l'homme. Les sacrements sont une parole en action, une locution par signe, qui procède de Dieu et exprime à l'homme ce que Dieu entend faire en lui ou pour lui. Et la parole de Dieu est opérante : *dixit et facta sunt.* Que Dieu parle à l'intime de l'âme, et vous dise : « Sois en paix », et vous êtes pacifié immédiatement ; qu'il parle en face de vous, dans la personne du Christ disant au paralytique : « Tes péchés te sont remis », et les péchés lui étaient remis ; ou qu'il parle par ambassadeur, par fondé de pouvoir, par truchement, où est la différence ? Il est le maître de ses moyens. Et s'il lui plaît, non seulement de parler par intermédiaire, mais en même temps de parler par signes, comme celui qui d'une inclination de tête dit : oui, ou du doigt qui montre la porte fait signe de sortir ; ou comme lorsqu'il envoyait son prophète verser de l'huile sur la tête d'un pâtre pour l'ins-

tituer roi ; qui sommes-nous pour lui dire :
« Seigneur, cela ne compte pas ; cette fois
ce sera sans effet ; parlez-moi en clair, et non
pas en chiffres » ? Dieu parle comme il lui
plaît : *Multifariam multisque modis*, nous dit
la Sainte Écriture, et toujours en Dieu, maître
d'accomplir, rien qu'en le disant, ce que son
verbe souverain intime à la créature. Or les
sacrements sont des signes de cette sorte ;
des signes que Dieu a placés dans la main de
son Église, pour signifier, dans les occasions
par lui spécifiées, ce qu'il a l'intention d'opérer dans l'ordre de notre relèvement spirituel.
C'est lui qui une fois pour toutes en a déterminé et précisé la signification immuable ; et
quand ils entrent en jeu par l'action de l'Église,
conformément aux instructions que Dieu lui
a données, ce n'est pas elle, ce ne sont pas des
hommes qui traduisent leur propre pensée,
mais la pensée qui s'exprime dans ce langage symbolique, est proprement et person-
nelement celle de Celui qui a travers tous
ces intermédiaires nous *fait signe* que nous
sommes régénérés, que nous sommes réconciliés,
que nous sommes fortifiés, et ainsi du reste.
Et, comme il parle à travers tout cela, aussi
son autorité, sa vertu, sa puissance souveraine
passe à travers tout cela, pour produire ce que
le signe sert à traduire, et pour imprimer dans
nos âmes ce qui est exprimé par le symbole.
Quand le roi disait : « Vous êtes colonel, vous

êtes maréchal, vous êtes gouverneur du Poitou, vous êtes premier ministre », on était premier ministre, ou gouverneur, ou maréchal, ou colonel. C'étaient de ces paroles qui effectuaient ce qu'elles énonçaient, n'ayant point pour objet de vous raconter une chose parce qu'elle était arrivée, mais de la dire pour qu'elle fût, et par conséquent de la réaliser en la promulguant. C'étaient des promulgations des desseins du prince. Et la même chose vaut aujourd'hui de cette promulgation qui se fait non plus sur les lèvres d'un chef d'État, mais par les presses du *Journal officiel*. Là encore on annonce ce qui se vérifie par le fait même que c'est annoncé. D'une manière analogue tout sacrement est la promulgation par le ministère de l'Église d'un décret d'en haut à un sujet idoine dans les conditions voulues : décret de régénération, décret de réconciliation, décret de confirmation, etc. Et parce que cette promulgation se fait au moyen d'un signe, c'est en fin de compte une parole souveraine incorporée dans un symbole : *visibile verbum* (en donnant à cette définition de saint Augustin son acception la plus compréhensive) une parole rendue visible dans un signe ; une parole non pas parlée, mais figurée ; langage approprié à notre condition d'êtres sensibles et à la constitution sociale de l'Église.

Cette introduction sur les sacrements était, sinon nécessaire, du moins utile pour nous permettre de situer l'Eucharistie. L'Eucharistie est un sacrement : si on veut la comprendre, il faut commencer par l'insérer dans l'ordre des signes qui viennent d'être définis : signes efficaces de la réalité sanctifiante qu'ils suggèrent ; traduction sensible et symbolique d'un dessein de grâce qui s'accomplit par leur moyen en faveur de quiconque se soumet à leur influence conformément à l'ordre établi de Dieu.

Mais de là même naît une difficulté, qui a préoccupé les esprits, du premier jour où l'on se mit à spéculer sur le dogme eucharistique, dont la pacifique et immuable créance avait pendant neuf siècles alimenté la vie chrétienne sans fournir matière encore ni à aucune discussion ni à aucune analyse. Si l'Eucharistie est un signe, le signe (ou le sacrement, ce qui est tout un) du Corps et du Sang de Jésus-Christ, comment peut-elle être en même temps la réalité de ce Corps et de ce Sang ? Signe et réalité s'excluent ; on ne peut être à la fois le symbole et la chose symbolisée. Brûler quelqu'un en effigie n'est pas le brûler pour de bon. Tous les mystères de la foi chrétienne s'accomplissaient en figure chez les Hébreux : aussi ne s'y accomplissaient-ils point en vérité ; et à peine la vérité eut-elle paru, les figures cessèrent. *Umbram fugat veritas*, et c'est précisément dans une hymne du Saint-Sacrement que saint Thomas a mis cette maxime : l'ombre est mise en fuite par la vérité. Ce fut la raison pour laquelle, il y un peu plus de mille ans, en face de saint Paschase Radbert, le premier, et le grand docteur de l'Eucharistie, se trouva un de ses confrères, moine comme lui de l'abbaye de Corbie, pour tenter une systématisation du dogme eucharistique, qui ne laissait guère subsister de la présence du Corps et du Sang du Christ que le mot, mais non la chose. Oui, il y était présent, mais par manière de dire ; présent, comme dans toute image est présent idéalement l'exemplaire que l'image représente. En représentant à l'esprit une réalité invisible, un symbole est censé la contenir, et, comme nous disons aujourd'hui d'un drapeau, la porter dans ses plis : c'est ainsi que le Corps et le Sang de Jésus-Christ auraient été contenus dans l'Eucharistie selon Ratramne (pour autant que sa pensée fuyante et le tour enveloppé qu'il lui donne se prêtent à une interprétation rigoureuse). Dieu merci, Paschase Radbert était là, pour maintenir la foi de l'Église, sa foi séculaire, appuyée sur les paroles du Maître : Ceci *est* mon Corps, le même qui va être livré à la mort pour vous. Ceci *est* mon Sang, dans la coupe du Nouveau Testament, répandu pour vous et pour la multitude du genre humain en rémission des péchés. Le même Sang de la passion, le même Corps broyé pour nous, et non pas l'idée du sang, ou l'idée de la chair du Christ, mais bien la même chair qu'il apporta au monde en naissant de la Vierge Marie. *Ave verum corpus natum de Maria Virgine, vere passum, immolatum, in cruce pro homine.* Si ce n'est pas à saint Paschase Radbert que nous devons cette strophe, à lui, plus qu'à tout autre, revient l'honneur d'avoir transmis dans son intégrité, aux générations qui suivirent, la vérité de foi qui s'y trouve enchâssée : et qui une fois de plus montre comment à la Vierge Mère il suffit de se produire dans la majesté de sa prérogative pour exterminer toute hérésie, qu'elle soit christologique, comme à Éphèse, ou sacramentaire, comme dans le cas présent.

Mais ce n'était pas assez de maintenir le dogme, il fallait encore le libérer du sophisme de l'adversaire : et , à vrai dire, saint Paschase n'y eut pas trop de mal. Assurément, il y a dans l'Eucharistie un signe sensible du Corps du Christ, et ce qui est signe du corps du Christ n'est pas le Corps du Christ : aussi personne n'a-t-il jamais prétendu identifier les deux termes ; mais les deux termes se trouvent réunis dans l'Eucharistie, comme aussi bien dans l'homme le corps et l'âme sont réunis ensemble, et pourtant le corps n'est pas l'âme. Autre chose est ce qui se voit, autre chose est ce qui ne se voit pas. Le Corps du Christ est invisible ; visibles, les dehors qu'il emprunte au pain pour se donner à nous en nourriture. Mais sous cette enveloppe visible, l'invisible réalité se cache ; non sans se découvrir aux yeux de la foi comme véritablement présente, puisque tout cet ensemble d'apparences, et de paroles qui en déterminent la portée, se présente comme un signe indicateur de sa présence : *Hoc est corpus meum.* Ceci, la chose, la réalité substantielle, que ces diverses qualités sensibles (couleur, goût, etc.) servent à désigner comme leur étant sous-jacente, c'est mon Corps. Elles sont donc des indices de la présence sous-jacente du Corps du Christ ; et comme ce sont des indices fournis par le Dieu de vérité lui-même, ils ne peuvent être menteurs ; et ainsi le signe, bien loin d'exclure la vérité, la réalité de la présence corporelle du Seigneur, l'exige, l'introduit, la maintient, la conserve : tellement que la présence ne cessera que lorsque sera évanoui le signe qui l'atteste et la proclame. Le duel de Paschase et de Ratramne devait donc servir à mettre en plus grande lumière ce principe, que dans l'Eucharistie, il y a à la fois un signe visible et une réalité invisible ; le signe visible, que déjà au second siècle saint Irénée avait qualifié d'élément terrestre, et que nous appelons accidents du pain et du vin, et la réalité invisible que le même Irénée appelait l'élément céleste, Corps et Sang du Seigneur. Le premier est témoin et garant du second. Ce qui est dans l'ordre des signes entraîne la présence de ce qui est signifié : et c'est pourquoi en fin de compte, une fois la prière eucharistique proférée sur le pain et le vin, leurs espèces ou apparences se trouvent être le sacrement du Corps et du Sang du Sauveur, non pas à la façon d'une imitation seulement, mais à la façon d'une enveloppe mystérieuse, scellée du sceau divin, et renfermant au dedans ce dont au dehors elle porte l'empreinte.

Mais à peine le remous de cette discussion était-il apaisé, qu'une autre surgit plus violente et plus décisive. L'archidiacre d'Angers, écolâtre de Tours, Bérenger, moins docile aux leçons de son maître, saint Fulbert de Chartres, qu'aux enseignements frelatés recueillis furtivement dans les écrits de Scot Erigène, s'avisa un jour que ce Corps et ce Sang du Christ, auquel se réfère le signe sensible, était lui-même qualifié de signe ou de sacrement par les docteurs catholiques, et surtout par saint Augustin. S'il est sacrement, il est signe ; s'il est signe, il n'est pas réalité, mais figure de réalité. Comment pourrait-il à la fois être substance du Corps du Christ et symbole de cette substance ? Or, il est symbole, disent ces grandes autorités du passé ; donc pas substance. Donc la substance du Corps du Christ n'est pas réellement, foncièrement présente dans l'Eucharistie. On la dira bien présente parce qu'elle est évoquée, et que le signe évocateur ne peut pas se séparer, s'isoler de ce qui

lui donne son sens, sous peine de cesser d'avoir
un sens et par conséquent d'être un signe. On
dira même que c'est le vrai Corps de Jésus-
Christ, celui-là même qui est au ciel, comme il
a été autrefois sur terre : on le dira même
d'autant plus, qu'on accusera les autres, les
défenseurs de la présence réelle, ceux qui tiennent pour un corps substantiellement présent
à la place du pain, d'avoir par le fait même
fabriqué dans leurs imaginations saugrenues
un nouveau Corps du Christ, puisqu'il est
bien clair que le Corps du Christ habitant dans
les cieux ne peut pas être, le même, situé
en mille lieux, différents du ciel, ni, le même,
réduit à un format ridiculement inférieur au
sien. Le pain reste ce qu'il était ; la substance
du Corps de Jésus-Christ n'est à chercher pour
de bon qu'au paradis. Ceux qui pensent la
tenir dans l'Eucharistie, la multiplient, et par
conséquent n'ont pas le droit de dire, eux, que
l'Eucharistie contient le vrai Corps du Christ,
l'unique Corps du Christ, résidant au paradis,
mais un autre, qui n'est donc pas le vrai. Seul
a le droit de parler du vrai Corps du Christ
dans l'Eucharistie Bérenger, grâce à cette
présence idéale de la chose dans le signe, de la
réalité dans la figure, qui, à travers Scot Erigène, est venue prendre place dans sa doctrine comme un héritage de Platon : présence
qu'on appellerait volontiers platonique, si elle
n'avait la prétention d'être, en même temps

qu'idéale, dynamique, par l'effet d'une influence causale dérivée du Corps du Christ et communiquant la grâce, à peu près comme plus tard chez Calvin.

Les difficultés de Bérenger contre la pluralité des présences eucharistiques et contre la disproportion entre le contenant et le contenu seraient purement et simplement insolubles, s'il s'agissait de multiplier le Corps du Christ lui-même (chose absurde). Elles tombent, s'il est seulement question de multiplier sa présence, et encore non pas une présence étendue, mais une présence sans rapport intrinsèque aucun avec la catégorie de l'étendue : une présence qui n'est pas celle d'un volume dans le lieu, mais celle de la substance ou de l'essence sous le volume : ce qui supprime tout heurt entre les conditions de la présence eucharistique et les lois de la mathématique ou de la physique. Ce n'est pas à dire que le Corps eucharistique du Christ soit inétendu ; il est tel ici qu'il est au ciel, étant le même purement et simplement : ce qui ne se pourrait, s'il fallait le concevoir dépourvu parmi nous des qualités ou des propriétés qui lui sont inhérentes dans son propre domicile ; puisqu'il est évident qu'un seul et même sujet ne peut pas à la fois être et ne pas être soumis effectivement à telle ou telle qualification intrinsèque. Mais autre chose est la manière d'être du Corps du Christ, nécessairement une comme lui ; autre chose, sa manière d'être présent. La présence qu'il a dans le lieu céleste, ou qu'il avait jadis sur terre, consiste dans un rapport entre deux étendues, la sienne propre et celle des corps environnants. Deux surfaces en contact se situent réciproquement ; et par l'intermédiaire des surfaces qui constituent leurs extrémités se trouvent situées les deux étendues ; et par l'intermédiaire des étendues, les deux substances, auxquelles elles appartiennent. Telle est la présence normale des corps, la présence du Christ dans le ciel : une telle présence ne peut être multipliée parce qu'elle est mathématiquement mesurée par les dimensions de la surface qui la circonscrit, et en la circonscrivant la limite, et par conséquent, si l'on peut ainsi dire, l'épuise. Mais telle n'est pas la présence du Corps du Christ sous les espèces ou apparences du pain. Le Corps du Christ y remplace la substance du pain qui s'est muée en lui. Or, il est bien certain que la substance du pain n'avait pas, par rapport à sa propre étendue (laquelle lui survit après le miracle de la transsubstantiation), ce genre de présence qui consiste dans la comparaison de deux étendues : puisque la substance, une fois distinguée de son étendue, ne présente plus rien en soi qui puisse se regarder encore comme un système de dimensions : ce qui enlève tout fondement à la comparaison de deux étendues. Et pourtant elle est présente, d'une autre manière, que nous ne pouvons pas nous représenter sous ses traits positifs, parce qu'elle échappe à notre imagination, faite seulement pour ce qui frappe les sens ; et que nous ne pouvons cependant pas nous dispenser d'affirmer, ni par suite d'attribuer, le moment venu, au Corps du Christ, à la substance du Corps du Christ, héritière de celle du pain. Et ainsi la substance de ce Corps sacré est ici présente, présente au regard. des espèces du pain, comme par ses propres moyens, et non pas moyennant son étendue ainsi qu'elle l'est à l'égard du lieu céleste. C'est au contraire l'étendue qui se trouve, en la circonstance, entraînée dans le sillage de la substance. Au lieu de servir à situer la substance, elle se trouve entrer en partage de ce que la substance peut lui communiquer en cet ordre d'idée ; et comme on ne donne jamais que ce qu'on a, la substance ne donnera à ses propres dimensions qu'une présence tout à fait étrangère aux conditions ordinaires de cette présence locale qu'entraîne la contiguïté de deux surfaces, l'une enveloppante, et l'autre enveloppée. Ainsi sommes-nous amenés à parler d'une présence sacramentelle, parfaitement réelle, bien que différant presque en tout point de tout ce que nous connaissons sous le nom de présence : présence indépendante de toute mesure, et par conséquent non limitée à tel ou tel volume, mais pouvant les envahir tous, et donc indéfiniment multipliable ; présence qui ne peut non plus être sectionnée en parties mesurables, comme celle qui se développe le long d'une surface par le moyen de sa propre étendue : présence indivisible par conséquent ; et donc présence tout entière ramassée en chacune des parties du volume qu'elle remplit, lequel n'est autre que celui des espèces ; présence unique en son genre ; présence exclusivement propre à l'Eucharistie, et cependant aussi réelle que celle du ciel, quelles que soient les différences entre les deux. Mais la différence quant à la présence n'entraîne point de différence quant à la manière d'être ou d'exister. Il y a une présence sacramentelle ; en rigueur de langage, il n'y a pas d'état sacramentel : il n'y a pas état différent ici et au ciel ; encore un coup, Jésus-Christ, étant unique et non pas multiple, se trouve ici tel exactement qu'il est là-haut, bien qu'il y soit présent d'une autre manière. Il y aura donc place pour une multiplication des présences du Christ, des présences de son corps, sans que s'ensuive une multiplication du Corps du Christ.

Il était réservé aux scolastiques, et principalement à saint Thomas, de mettre ce point en lumière[1]. En attendant, l'effort de nos Doc-

---

1. Parmi les disciples de saint Thomas, le plus lumineux sur ce point (en attendant le cardinal Billot) fut Savonarole, qui écrivait dans son traité *De Veritate*

teurs médiévaux devait porter sur un autre point, particulièrement vital. On aura remarqué que tout l'échafaudage de Bérenger reposait sur cette base : l'impossibilité pour le Corps du Christ d'être à la fois réalité et figure, substance et symbole. C'est ce fondement qu'il fallait ruiner pour faire tomber à terre la nouvelle hérésie. Nos Docteurs s'y attaquèrent avec un succès qui alla toujours croissant ; d'abord Durand de Troarn, puis Lanfranc, d'une main encore un peu inexperte, puis Guitmond d'une main déjà plus sûre, puis Alger, tous Bénédictins, puis surtout l'ami de saint Bernard, Guillaume de Saint-Thierry,

Fidei (alias *Triumphus Crucis*) l. III, c. 17 (ed. Bâle, 1540, p. 213-214) : « Aliquid enim est in hoc sacramento ex vi conversionis, et hoc est corpus et sanguis sub speciebus panis ac vini : quia ad haec duo directe conversio terminatur. Aliquid vero ex naturali concomitantia : et haec certo sunt Christo semper realiter conjuncta. ...Cum igitur quantitas corporis Christi non sit in hoc sacramento nisi ex naturali concomitantia, non comparatur Christus ad locum, ubi est sacramentum, mediantibus dimensionibus suis, ut eis locus adaequari oporteat ; sed mediantibus dimensionibus panis remanentibus, quibus locus adaequatur. Unde Christus non existit in loco per se mediantibus propriis dimentionibus nisi in caelo. ...Cum iam dictum sit Christi corpus [et] sanguinem ex vi conversionis per suam substantiam in hoc esse sacramento, eiusque dimensiones in eo ex naturali esse concomitantia, non est inconveniens totum Christi corpus sub qualibet hujus sacramenti esse particula. »

qui ne laissa plus après lui rien à faire, sinon à donner à sa solution, entièrement décisive, le tour méthodique et scholastique que devait lui imprimer ici, à Paris même, Hugues de Saint-Victor, et plus encore, après lui, l'auteur[1] de la *Somme des Sentences* qui nous est parvenue sous son nom. Oui, le Corps du Christ est réel dans la sainte Eucharistie, aussi réel qu'au paradis, puisque c'est le même : il est substantiellement présent ici à la place du pain ; et pourtant, si réel et si substantiellement présent qu'il soit, il est une figure, il est dans sa réalité même un symbole ; lui-même, le Corps du Christ, est un signe et un sacrement. Mais de quoi donc ? De quoi sera-t-il le sacrement et le signe ? De quoi sera-t-il le symbole et la figure ? Que les ombres de l'Ancien Testament servissent d'avance à le figurer, agneau pascal, pain de Melchisedech, soit : nous n'avons pas de peine à le comprendre. Que dans le Nouveau Testament, les espèces du pain et du vin servent aussi à le figurer : soit, cela est encore dans l'ordre. Mais que lui-même serve à figurer autre chose, lui le Seigneur de la gloire, le dernier terme de tout ! cela est incroyable. Qu'y a-t-il par delà le

1. Hier encore inconnu ; mais depuis que ces lignes furent écrites, il a été identifié par le R. P. Chossat : c'est Hugues de Mortagne, qui écrivait une quinzaine d'années après la mort du Victorin.

Seigneur, par delà le Christ, qu'y a-t-il d'assez grand, d'assez auguste, d'assez sacré, pour que lui-même s'emploie à en être le symbole ? Messieurs, il y a nous, vous et moi, les chrétiens du monde entier ; il y a nous, mais non pas assurément nous seuls, séparés, isolés du Christ : il y a nous unis au Christ, agrégés au Christ, incorporés au Christ, un dans le Christ ; il y a le Christ vivant en nous et nous vivant de sa vie. Et voilà pourquoi le Christ en sa propre personne a voulu devenir sacrement, pour être le signe efficace de cela. Il s'est inséré lui-même dans l'ordre des signes, dans l'ordre des symboles, pour avoir la joie de symboliser, et en le symbolisant, d'édifier le corps mystique dont nous sommes les membres. Le Corps formé dans le sein de la Vierge Marie et porté sur la Croix, le Corps glorifié dans les cieux, est dans l'Eucharistie le sacrement de ce Corps mystique qui est fait et du Christ et de nous, et du Chef et de tous ses membres communiant avec lui dans l'unité d'une même vie : plénitude définitive, intégration spirituelle du Christ Jésus, laquelle ne sera achevée qu'à la fin des temps, quand, pièce à pièce, ce temple de la divinité étant entièrement édifié, chacun des élus étant inséré à sa place vitale dans l'économie du Fils du Dieu, le Fils de Dieu livrera le royaume à son Père, c'est-à-dire lui présentera l'universalité des saints fondue en sa propre Personne, dans la Personne du Fils unique, et que le Père, à son tour, lui dira, comme déjà au jour de la résurrection, et précédemment dans la splendeur des silences éternels : *Tu es mon Fils, aujourd'hui je t'ai engendré*. Génération éternelle du Verbe ; génération du Verbe incarné dans la race de David, et au terme de ses abaissements promu à la gloire plénière du Fils unique de Dieu et du Seigneur de l'héritage céleste ; génération complète et finale du Christ intégré dans ses membres adoptifs : voilà l'unique occupation, invariable, du Père céleste ; et vous voyez comme elle nous touche et nous atteint. Nous sommes au terme de cette unique génération du Fils unique, comme le dernier effort de la paternité divine, comme la dernière fibre de ce tissu de chair dont une main toute puissante a enveloppé l'immatérielle substance du Verbe de Dieu. Voilà de quoi le Christ eucharistique est le sacrement ; voilà ce que signifie sa présence sous les espèces du pain et du vin, nourriture commune des enfants d'Adam, et voilà ce qu'elle opère en quiconque a le privilège de se nourrir de cet aliment sacré destiné à transformer chacun de nous dans le Christ.

Ainsi vous voyez, Messieurs, que toute cette conférence, dans ses débuts laborieux et son développement incertain, s'orientait vers une magnifique conclusion : celle de nos Docteurs qui sauvèrent la foi à la présence réelle, en en montrant la portée, la portée symbolique et la portée effective. Il y a dans l'Eucharistie quelque chose qui n'est que le signe du Corps du Christ : et ce sont les éléments sensibles qui le décèlent et le détiennent ; et il y a aussi le Corps du Christ très réellement présent en sa propre substance à la place du pain. Ce couple de la figure et de la réalité suffisait à saint Paschase Radbert pour résoudre les difficultés de Ratramne. Mais ce Corps du Christ, qui est la chose signifiée et contenue par les espèces, est aussi à son tour un signe, le signe de cette Église qui remplit les temps et les espaces, et ne forme avec le Christ qu'une seule chair, *et erunt duo in carne una*, dans une unité qui est elle-même l'effet de ce signe : « C'est *parce que* le pain est un, que nous sommes tous un seul corps, nous tous qui mangeons d'un même pain » (*I Cor.*, X, 17). Quand Dieu voulut créer le monde, il le créa par son Verbe, par sa parole éternelle, *per quem omnia facta sunt*, comme chante notre vieux *Credo*. Et quand Dieu voulut relever le monde de ses ruines, ce fut encore par son Verbe, mais son Verbe incarné, et qui, plus est, devenu dans sa chair même (dans sa chair immolée et ressuscitée, aujourd'hui invisible, mais mystérieusement enveloppée d'apparences révélatrices), devenu dans cette chair eucharistique quelque chose comme une parole proférée en figure par le Père, comme une locution subsistante, comme une intimation vivante et efficace du dessein d'unité qui travaille l'intelligence divine pour récapituler toutes choses dans le Christ et par le Christ en Dieu.

Encore un coup, voilà l'Eucharistie, voilà le Christ sacrement. Quand on voit cela, on voit ce qu'il y a d'intéressant dans la présence réelle. Plus que de savoir comment elle se fait, il importe de savoir pourquoi elle se fait, en vue de quoi. Vous venez de l'entendre : c'est pour que cette présence du Corps et du Sang du Christ, par la signification qu'elle prend dans l'Eucharistie, produise chez ceux qui reçoivent le sacrement la grâce de l'union de chacun au Christ, et de tous entre eux dans le Christ, en attendant la consommation finale de l'unité dans la résurrection glorieuse.

Donc la présence réelle n'est pas à envisager seulement ni principalement en elle-même et pour elle-même : comme si elle était une fin ; mais d'abord dans son rapport avec l'unité spirituelle, à laquelle elle s'ordonne comme un moyen. Et par conséquent aussi le but de la communion, le tout de la communion n'est pas de se dire : Jésus-Christ est substantielle-ment présent au dedans de moi ; mais cette présence substantielle en moi, est en moi le gage d'une union spirituelle, par laquelle je ne forme plus qu'un esprit avec le Seigneur, et une seule chair dans l'esprit. Voyez à cet égard quelle différence entre notre Eucharistie et telle présence du Corps et du Sang du Christ que l'on pourrait (par manière d'hypothèse métaphysique) se représenter comme produite en dehors de l'Eucharistie par la transsubstantiation de n'importe quelle substance, sans intention symbolique aucune, sans autre but que d'assurer la présence du Sauveur parmi les hommes. Imaginez, si vous voulez, des pierres rares, ou des métaux précieux, ou une fleur, transsubstantiés par une opération immédiate de la puissance divine : la puissance divine aurait pu le faire, mais on serait tenté de dire : A quoi bon ? Pour le rapprocher de moi ? — Oui, mais cette proximité matérielle est, à elle seule, peu de chose ; au prix de sa présence spirituelle dans nos âmes elle est comme rien. *Caro non prodest quicquam, spiritus est qui vivificat.* Mais, si cette proximité, si cette présence, cette intussusception de son Corps et de son Sang se trouve avoir la vertu de développer en moi l'intimité spirituelle dont elle a été établie le signe et le gage, alors elle devient souverainement précieuse, et vraiment inappréciable. Comparons à cet égard la situation d'un baptisé et celle d'un non baptisé. A l'égard du baptisé, le Christ eucharistique est le principe vital de son âme, auquel elle adhère en le recevant. Pour le non baptisé, même si de bonne foi, par je ne sais quelle ignorance et sans aucune intention mauvaise, il reçoit le Corps du Christ, cette réception est pour lui sans effet *ex opere operato* : elle est inopérante (quand même, ayant la foi et la charité, il serait en état de grâce) : *Caro non prodest quicquam.* Et pourtant ce n'est pas faute de présence réelle, mais c'est que cette chair (réellement présente) pour lui, par rapport à lui, n'est pas sacrement, n'est pas signe. Elle n'est sacrement que pour les baptisés, n'ayant reçu mission de signifier l'union au Christ, l'incorporation au Christ, de nul autre sinon de ceux que le baptême a déjà marqués du sceau de la mort à la vie pécheresse d'Adam. Tant il est vrai que l'importance de l'Eucharistie, que l'utilité de l'Eucharistie lui vient de sa qualité de symbole, mais non de symbole creux et vide, *non inanis mysterii symbolum*, comme protestait avec indignation saint Fulbert de Chartres, mais de symbole tout de même, symbole plein d'une substantielle réalité, qui est la chair du Verbe de vie, devenue elle-même un verbe, un oracle divin, pour dire (et faire ce qu'elle dit) : la vie du Christ dans les membres du Christ — comme le Verbe éternel, exemplaire incréé des êtres, n'a que d'être proféré au sein de l'intelligence divine, pour que par lui tout soit dit et par lui tout soit fait. Il y a de l'unité dans les pensées divines.

Et maintenant, si nous nous demandons comment et pourquoi est venu en fait à ce corps du Christ, à cette chair humaine comme la nôtre, le pouvoir prodigieux d'exprimer dans l'ordre surnaturel et d'imprimer dans l'immatérielle substance de nos âmes cette pensée divine d'unité ; en d'autres termes, si nous nous demandons ce qui a valu à la présence réelle de devenir le symbole approprié d'une incarnation quasi prolongée et étendue jusqu'à nous, il nous faut remonter aux sources augustes du mystère eucharistique. Le fleuve de l'efficacité sacramentelle dérive d'une parole et d'un geste, par où le Christ au Cénacle, prêtre selon l'ordre de Melchisédech, se dédiait en victime pour la rémission des péchés du monde. Victime, il devait l'être, non pas seulement d'intention et par la direction de son offrande, mais aussi par le fait, par l'exécution, et l'exécution sanglante, de ce propos et de cet engagement, qui le constituait en rançon de la race humaine. Il devait l'être par le fer de l'exécuteur, par les blessures et les meurtrissures qui laisseraient échapper tout son Sang. Et mort, il devait être consacré, immortalisé en sa qualité d'agneau de Dieu et de prix du monde par le consentement exprès de l'autre partie contractante, de la partie prenante, qui était son Père, désormais nanti en son paradis de ce qui lui fut payé pour notre rachat. Et ainsi le Christ reste l'éternel Rédempteur, l'éternel Agneau de Dieu, la victime du sacrifice une fois offerte, et éternellement acceptée et détenue par le Dieu de gloire. Or, c'est le propre d'une victime de sacrifice, et cela dans toutes les religions, aussi bien celles qui déchurent de la pureté primitive que celle qui y fut maintenue par l'Alliance, par la Loi et par les Prophètes, c'est chez tous les peuples le propre de certaines victimes de sacrifice, une fois offertes et consacrées, de symboliser par leur retour vers l'homme sous forme de nourriture, l'union du fidèle avec son Dieu, dans une commensalité qui établit entre l'hôte céleste et ses convives d'ici-bas une communauté de vie, une familiarité, une fusion, une association de sainteté, où il faut voir le prélude d'une union encore plus intime dans la vie future. C'est ainsi que le don fait à Dieu, en revenant vers l'homme, se présente de soi-même comme un sacrement, c'est-à-dire comme un symbole de l'action sanctifiante de Dieu. Les premiers sacrements du genre humain, et peut-être pendant longtemps les seuls, furent les prémices consacrées des champs ou des troupeaux, dont nous voyons déjà le type chez Abel et Caïn, comme plus tard, sous une forme plus élaborée, le pain et le vin de Melchisédech, et enfin tous les sacrifices pacifiques de l'Ancienne Loi. L'hostie du sacrifice est de plein droit le sacrement par excellence. Mais ce qui était vrai des ombres est plus vrai encore de la vérité ; et si Jésus-Christ est un sacrement, ne nous en étonnons pas : c'est qu'il est une victime, la Victime. Il n'est donc pas un sacrement à la rigueur et par manière de dire ; il est le sacrement par excellence, le sacrement des sacrements.

Et voilà la manière, ou du moins une manière d'étudier la présence réelle : c'est de ne pas fixer les yeux seulement sur le fait de la présence réelle, mais de porter le regard sur les causes explicatives de la présence réelle : sur sa cause finale et sur sa cause formelle, comme on parle dans l'École, c'est-à-dire sur sa signification aussi éloquente qu'efficace, elle-même dérivée du caractère auguste de victime, désormais inhérent à Celui en la personne de qui son Père voit, avec une complaisance qui fait notre salut, l'Agneau, à jamais couché sur l'autel du sacrifice par lequel furent réconciliés le ciel et la terre. *Ecce Agnus Dei, ecce qui tollit peccata mundi ;* et alors, et en conséquence : *Corpus Domini Nostri Iesu Christi custodiat animam tuam in vitam aeternam. Amen.* Tel est le langage de l'Eucharistie ; à chacun de voir et d'expérimenter comment c'est un langage ami, et dans sa teneur, et dans son style.

APPENDICE

C'est peut-être rendre service au lecteur ami de la précision, que de mettre ici en forme scolastique un bref résumé de la discussion nécessairement étendue et complexe du problème relatif aux Offrandes de Messes.

Quaestio de stipendio pro applicatione missae debito ex iustitia commutativa, scatet difficultatibus (ut notatum est a Lugone olim, et nostris diebus a G. Arendt), habito respectu ad prohibitionem simoniae ex iure naturali. Quanquam enim constat inter omnes doctores catholicos, dari et accipi illud ut stipendium sustentationis, tamen quomodo pro tali stipendio pactio fieri possit ONEROSA circa missae applicationem, omissis quidem illis theologis qui iustitiae debitum negant immerito, ita plerique inter se dissentiunt (appellata ab aliis locatione operae, ab aliis conventione *do ut facias*, ab aliis donatione modali), ut quod vitium simoniae declinare quisque contendit, affingat ceteris, nec sine validis rationibus. Quare aliam viam inire licet, quam commendat conspectus sacrificiorum historicus. Quas enim partes in sacrificiis veterum habuit ovis hominis laici per sacerdotem litanda, easdem habent in sacrificio eucharistico (servatis servandis) oblationes fidelium. Quo fit ut quemadmodum sacerdoti Hebraeorum de hostia semel litata liceret vesci, quin censeretur a laico viro remunerari, sed a Deo (cui munus iam consecratum erat) ali ; sic sacerdoti christianorum suppetit ex mensa altaris victus, non quasi a fidelibus impensus sibi, sed a Deo retributus, cui eatenus censetur a quopiam sterni mensa sacrificiorum, quatenus sufficiat oblatio et ritui eucharistico celebrando et sacerdoti sustentando, altaris participi. Quae paritas et suadetur ex Paulo, et affirmatur a testibus traditionis, et praesertim liturgiis illustratur. Unde intellegitur quomodo fideles sint suffragii, oblationi suae correspondentis, proprii directores.

Contra hanc autem solutionem obiectiones moveri nonnullae solent ex variis capitibus. 1º Ex discrimine inter oblationes collectivas veterum christianorum et nostras individuas. Cui respondetur primo, non per hoc diversificari genus contractus ; secundo, neque apud nos desiderari oblationes collectivas, neque apud veteres defuisse individuas. — 2º Ex discrimine inter pecuniarias nostras stipes hodiernas et esculenta munera veterum. Respondetur unum alteri aequivalere ; quod nec

veteribus ipsis ignotum fuit, et a mediaeva-
libus, eo tempore quo commutatio potissimum invaluit, praedicatum est ; quanquam
ob periculum minime spernendum speciei
cuiusdam mercatoriae quidam aut obstite-
runt aut torvo oculo rem consideraverunt. —
3° Ex discrimine inter continuam oblationum
antiquarum cum sacrificio connexionem ac
proximitatem, et nostram longissimis aliquando
intervallis divisam a missa erogationem stipendii. Respondetur discrimen esse acciden-
tale, nec afficere substantiam contractus ·
quemadmodum nec communionis ad sacrificium habitudo laeditùr dilatione. — 4° Ex
discrimine inter oblationes universo clero communes et stipendia nostra uni sacerdoti pro-
pria. Respondetur specietenus tantum differre,
cum olim universus clerus concelebraret. Prae-
terea apud nos similis obtinet usus in stipen-
diis missarum solemniorum. — 5° Quod potissimum est, ex obligatione hodierna celebrandi
ad intentionem dantis, et quidem ex condicto ;
cuiusmodi obligatio veteribus reputatur fuisse
ignota. Respondetur eamdem obligationem
viguisse apud veteres, cui satisfaciebant defe-
rendo sacrificium alterius ; siquidem nequit
sacrificium deferri ut ab altero demandatum,
quin intentioni demandantis inserviat com-
mendandae aut suffragio provehendo. Ad
sacrificium autem taliter deferendum tene-
bantur ex iustitia commutativa tanquam

depositarii simul atque mandatarii. Per modum *depositi* enim iacet penes sacerdotem munus a fidelibus in sacrificii latriam destinatum, donec susceptum transmissionis seu consecrationis *mandatum* exsecutus ille fuerit. Cum autem par inveniatur fuisse obligatio veterum et modernorum, concluditur contra adversarium non oportere ad obligationem iustitiae verificandam confugere ad aliud pactum praeter illa duo quae ex deposito et mandato oriuntur GRATUITA ; supervacare ergo contractum omnem ONEROSUM, puta locationem operae, vel conventionel *do ut facias*, vel donationem modalem. Unde apparet, *primo*, cur, in ipsa applicatione missarum, « cuiusvis generis mercedum conditiones, pacta », prohibuerit Ecclesia, non autem prohibuerit oblationem seu stipendium solitum, aut inde scaturientem contractum iustitiae commutativae ; *secundo*, cur pecuniaria quaevis pactio (exceptis titulis extrinsecis) sit in aliis sacramentis simoniacum, non autem in sacrificio missae.

Huic autem doctrinae, vindicatur auctoritas potissimum Thomassini, B. Roberti Bellarmini et S. Thomae, praeter alios, ut van Espen, Lupum, Berlendi, etc.

ERRATA

---

page	ligne		

5   7 *au lieu de* : De ce second type des exemples abondent,

     lire : De ce second type les exemples abondent.

27   20 *au lieu de* : la qualité de dons empruntée au pain et au vin,

     lire : la qualité de dons sensibles empruntée au pain et au vin.

81   32 *au lieu de* : acsension,

     lire : ascension.

96   22 *au lieu de* : Te Deum on Illatio,

     lire : Te Deum ou Illatio.

110   25-26 *au lieu de* : le saints,

     lire : les saints.

180   22 *au lieu de* : inculpait ce principe,

     lire : inculquait ce principe.

182   7 *au lieu de* : les hommes de l'Église,

     lire : les hommes d'Église.

184   5 *au lieu de* : ceux qui pour chacun a offert,

     lire : ceux pour qui chacun a offert.

<table>
<tr><td>page</td><td>ligne</td><td></td></tr>
<tr><td>204</td><td>15 au lieu de :</td><td>L'oblation individuelle était aussi élastique que l'oblation collective,</td></tr>
<tr><td></td><td>lire :</td><td>L'oblation individuelle était aussi classique que l'oblation collective.</td></tr>
<tr><td>230</td><td>28 au lieu de :</td><td>contrat de louauge,</td></tr>
<tr><td></td><td>lire :</td><td>contrat de louage.</td></tr>
<tr><td>233</td><td>5 au lieu de :</td><td>(sauf titre intrinsèque),</td></tr>
<tr><td></td><td>lire :</td><td>(sauf titre extrinsèque).</td></tr>
<tr><td>240</td><td>26 au lieu de :</td><td>Oblationem usum,</td></tr>
<tr><td></td><td>lire :</td><td>Oblationum usum.</td></tr>
<tr><td>242</td><td>32–33 au lieu de :</td><td>mais une mandat,</td></tr>
<tr><td></td><td>lire :</td><td>mais sans mandat.</td></tr>
<tr><td>256</td><td>23 au lieu de :</td><td>personnelement,</td></tr>
<tr><td></td><td>lire :</td><td>personnellement.</td></tr>
<tr><td>282</td><td>14 au lieu de :</td><td>conventionel,</td></tr>
<tr><td></td><td>lire :</td><td>conventionem.</td></tr>
</table>

TABLE DES MATIÈRES

ACHEVÉ D'IMPRIMER PAR L'IMPRIMERIE DE
L'EST, A BESANÇON, POUR GABRIEL BEAU-
CHESNE, A PARIS, LE HUIT SEPTEMBRE
MCMXXIV, EN LA FÊTE DE LA NATIVITÉ.